Mary Geraldine Taylor

Treu bis zum Tod

John und Betty Stam

clv

Christliche
Literatur-Verbreitung e.V.
Postfach 11 01 35 · 33661 Bielefeld

Moody Press Revised Edition, 1982.
Originaltitel: »John and Betty Stam: A Story of Triumph«
by Mrs. Howard Taylor (Mary Geraldine Taylor)

Christliche Literatur-Verbreitung
Postfach 11 01 35 · 33661 Bielefeld
Internet: www.clv.de

Übersetzung: Hans-Jörg Eckhardt
Umschlag: typtop, Andreas Fett, Meinerzhagen
Satz: CLV
Druck: Druck Partner Rübelmann GmbH, Hemsbach

ISBN 978-3-86699-222-1

Inhalt

Wir erleben, dass unsere großen Probleme
für seine Macht eine Kleinigkeit sind
und dass unsere kleinen Dinge
viel bedeuten für seine Liebe.

Jacob Stam

Vorwort

Diese Aufzeichnungen sollen nicht der Menschenverherrlichung dienen, sondern durch die Schilderung zweier Lebenswege zeigen, was Gott aus Menschen machen kann, die sich ihm ganz hingeben. Sie gehören durch ihr Martyrium zu denen, »deren die Welt nicht wert war« (Hebräer 11,38).

Es gibt nur wenige, die den Tod von John und Betty Stam schmerzlicher empfunden haben als die Angehörigen der Mission, zu der sie zählten. Neben der nur von Gott selbst ermöglichten Ernte von kostbaren Seelen gibt es keinen größeren Schatz als solchen Glauben, solche Liebe und solche Hingabe. Jetzt stehen die Namen dieser lieben Freunde auch auf der immer länger werdenden Liste der Märtyrer. Welch eine Bereicherung bedeuten sie dort, wo der Herr Jesus selbst als das »Lamm wie geschlachtet« gesehen wird! Das Lamm starb für unsere Erlösung; diese beiden starben dafür, dass sie, auf Gottes Geheiß, dieses herrliche Erlösungswerk anderen bekannt machten. Und noch immer hält der Herr Ausschau nach denen, die leben – und, wenn der Herr es fordert, auch sterben – wollen, damit er von der Mühsal seiner Seele Frucht sehen und sich sättigen kann.

Wir werden in alle Ewigkeit mit Christus leben und regieren; aber werden wir ihm dann noch Opfer bringen können? Wenn es kein Leid, keine Sünde und keinen Tod mehr gibt und wenn alle Tränen abgewischt sind, werden wir dann noch das Vorrecht der »Gemeinschaft seiner Leiden« haben, das darin besteht, dass wir mit ihm suchen zu erretten, was verloren ist?

Das Lächeln auf John Stams Gesicht, noch lange nachdem er auf jenem Hügel in China gefallen war, öffnet uns die Tür einen Spaltbreit zur ewigen Herrlichkeit. Und die Bewahrung dieses kleinen, von allen geliebten Babys spricht uns von der Güte des Herrn, mit der er die »echte, kostbare Narde« des von seiner Mutter hingegebenen Lebens entgegennahm, und von der Liebe, mit der sie in alle Ewigkeit getröstet wird. Heute sind *wir* gefragt.

O Gott, dass uns Gnade gegeben werde,
ihren Fußspuren zu folgen.

Mary Geraldine Taylor

Ein Zuhause wie in Holland

In der Altstadt von Paterson, New Jersey, USA, stand das schlichte Holzhaus, das Peter Stam einst für seine stets größer werdende Familie erbaute. Von der Straße aus erreichte man es über eine steile Treppe. Es war das höchste Gebäude von Temple Hill, und von der über dem Dach aufragenden Kuppel hatte man einen herrlichen Blick auf die Stadt und ihre Umgebung – die in der Nähe gelegenen Berge, das Tal des Hudson River und die beeindruckende Skyline von New York. Als John Stam, der fünfte von sechs Söhnen, dort heranwuchs, war das Haus immer voller Jungen und Mädchen – und Musik. Normalerweise sprach man Englisch, aber oft genug kam es vor, dass man in das allen vertraute und beliebte Holländisch zurückfiel. Die Eltern stammten nämlich ursprünglich aus diesem tüchtigen kleinen Land, und ihr Wesen sowie die Traditionen, die man zu Hause pflegte, atmeten noch die gediegenen Werte der Niederlande.

Als Peter Stam auf seiner Suche nach dem Glück in die Vereinigten Staaten kam, wurde er auf zweierlei Weise gesegnet. Zunächst – und das war das Wichtigste – fand er Christus. Eine freundliche Frau hatte ihm ein holländisch-englisches Neues Testament geschenkt und dafür gebetet, dass es zu Peters Herz reden würde. Weil er unbedingt Englisch lernen wollte, machte er sich eifrig ans Lesen. Es war genau das, was er brauchte. Aber es dauerte nicht lange, und seine Errettung war ihm wichtiger geworden als der Wunsch, Englisch zu lernen. Peter Stam sah sich nun im Licht Gottes. So sagte er selbst:

> »Das Buch sagte mir, dass ich ein Sünder sei. Aber mein rebellisches Herz wollte das natürlich nicht hinnehmen. Auch von meiner Verlorenheit las ich in diesem Buch. Und das wollte ich genauso wenig glauben. Als ich jedoch wei-

terlas, musste ich ehrlich eingestehen, dass ich tatsächlich ein Sünder war; denn bis dahin hatte ich mein Leben ausschließlich für mich selbst gelebt …

Das Buch sagte mir aber auch, dass Gott mich liebt, dass er die Welt (und damit war ich gemeint) so sehr liebte, dass er seinen eingeborenen Sohn gab, damit jeder, der an ihn glaubt, nicht verlorengehe (und damit war ich auch gemeint), sondern ewiges Leben habe.

Und auf dieses Angebot ging ich ein. Ich glaubte dem Wort Gottes und nahm Christus als meinen persönlichen Heiland an. Ich lieferte mein Leben dem aus, der für mich gestorben ist, und fing an, durch seine Gnade für andere zu leben. Es war die Liebe Christi, die mich dazu drängte.«

Dieses Leben für andere mündete unter dem Segen Gottes in einen Dienst, der sich über die Jahre hin so ausweitete, dass Peter Stam schließlich der »Diener aller« in Paterson wurde – um Christi willen und mit einem Herzen voller Liebe. Im Gefängnis, in den Armen- und Krankenhäusern, in den ärmlichsten Stadtvierteln, in den Saloons und auf der Straße – seine große Gestalt und seine freundlichen Augen waren den Menschen von Paterson überall ein vertrauter Anblick. Da er für seinen Liebesdienst kein Gehalt erhielt, begann er gleichzeitig noch mit einem Baugeschäft. So manches Haus in den Vororten der schnell wachsenden Stadt wurde von ihm errichtet, und die Arbeit war immer von so guter Qualität, dass es nur selten zu Beschwerden vonseiten der Hausbesitzer kam. Das Unternehmen wurde immer größer. Peter Stam besaß ein Holzlager und handelte schließlich sogar mit Immobilien und Versicherungen. Für seine eigenen Kinder war der Holzlagerplatz auf Temple Hill natürlich ein herrlicher Spielplatz.

Der zweite große Segen für Peter Stam in seiner neuen Heimat war das tüchtige Holländermädchen, das seine Frau wurde. Er hatte sie in Paterson kennengelernt, und dort hatten sie auch ihr Heim gegründet – ein Heim, das sich durch Gottesfurcht auszeichnen sollte. Seine Frau war teilweise hugenottischer Abstammung und tiefreligiös, hatte aber schon früh Christus als ihren Heiland und Freund erfahren. Das Paar war sich also in seinen Zielen einig, und ihr gemeinsames Heim war geprägt von Liebe, die über die Jahre hin nur noch tiefer werden sollte. Ihnen wurden sechs Söhne und drei Töchter geboren, von denen jedoch eine schon als kleines Kind starb. John war der siebte in der Familie und hatte noch einen jüngeren Bruder sowie eine jüngere Schwester.

Ganz in der Nähe von Temple Hill lag die christliche Mittelschule, die die Kinder besuchten und die eine deutlich positive Prägung bei ihnen hinterließ. Der wesentliche Teil ihrer Bildung und Erziehung erfolgte jedoch zu Hause. Peter Stam und seine Frau räumten in ganz praktischer Weise Gott den ersten Platz in ihrem Familienleben ein. Dreimal täglich, wenn der Tisch gedeckt war, wurde auf jeden Platz eine Bibel gelegt, und bevor man das Essen auftrug, wurde gebetet und ein Kapitel aus der Bibel gelesen. Jeder in der Familie nahm aktiv daran teil. Auch noch als ich die Familie Stam 1936 kennenlernte, hielt man es dort so, und es war ein Segen, wenn man mit dabei sein durfte – so wirklich und Ehrfurcht gebietend wurde man sich der Gegenwart des unsichtbaren Gastes bewusst. Auf diese Weise bildete die Bibel den Hauptgesprächsstoff im Alltag der Eltern und ihrer Kinder. Sie war Grundlage und gemeinsamer Schnittpunkt für ihr Denken, und an ihr wurde alles gemessen und entschieden. Sie hielt ihre Herzen zusammen und schenkte ihnen Zufriedenheit.

Darüber hinaus war es die Liebe zu Büchern und zur Musik, durch die die Familie ihren Zusammenhalt fand.

»Man kann wirklich sagen, dass wir mit Büchern groß geworden sind«, erinnert sich die ältere Schwester. »Und wir lernten alle ein Instrument spielen. Vater scheute keine Ausgaben, um uns in dieser Hinsicht das Beste zukommen zu lassen. Unser Familienorchester machte uns wirklich große Freude!«

Diese Musikabende waren für das Familienleben von großer Bedeutung und trugen sehr dazu bei, dass die jungen Leute dem Einfluss der Welt nicht so sehr ausgesetzt waren. Was in Mr. Stams Macht lag, wurde mit großer Disziplin umgesetzt. Seine Autorität war unbestritten, und wenn er auch ein sehr liebevolles Herz hatte, so zeigte er sich doch unnachgiebig in dem, wovon er einmal überzeugt war. Was Dinge wie Rauchen, Theaterbesuche oder Tanzen betraf, sollte keines seiner Kinder je sagen können: »Vater hatte nichts dagegen.« Die Eltern waren sich zwar in ihren Überzeugungen einig, sorgten aber auch dafür, dass die Kinder einen Ausgleich für eventuelle Enttäuschungen erhielten. Eine Fahrt nach New York, ein Tag am Meer, ein gutes Konzert oder ein neues Instrument für ihr Hausorchester waren – wie die jungen Leute selbst herausfanden – eine Freude, die länger anhielt als ein aufregender Film im Kino. Die Eltern waren bereit, sich selbst zu verleugnen, was sich zum Beispiel darin zeigte, dass es in ihrem Haus kein Radio gab, obwohl es natürlich in mancher Hinsicht ganz angenehm gewesen wäre. Dazu schrieb Mr. Stam:

> »Zu oft hatten wir erleben müssen, wie Kinder das in sich hineintranken, was eigentlich Gift für sie war! Die Seelen unserer Kinder bedeuteten uns aber mehr als alles in der Welt. Unsere Kinder liebten alle das Wort Gottes. Niemand beschwerte sich je darüber, wenn wir vor den Mahlzeiten gemeinsam aus der Bibel lasen. Wir sprachen mit ihnen, machten ihnen unseren Standpunkt klar und beteten zusammen. Und wir erbaten uns die Gnade, ein konsequentes Leben zu führen. In der Kindererziehung ist man selbst ja oft das größte Hindernis!«

Die evangelistische Arbeit, in der Mr. Stam mit seiner ganzen Familie stand, nahm im Lauf der Zeit immer mehr zu, und auch das Geschäft wurde größer. Da Liebe unwiderstehlich ist, wurde das, was klein in der River Street angefangen hatte, bald zu dem, was später als *Star of Hope Mission* bekannt werden sollte. Die großzügigen Räumlichkeiten, über welche die Mission später verfügte, waren, als Mr. Stam sie entdeckte, ein leer stehender

Mietstall für Pferde – Heimat vieler Ratten und geschmückt mit Spinnweben. Die Lage im Stadtzentrum war jedoch ideal, und bald war aus dem ehemaligen Stall ein großer Saal mit sechshundert Sitzplätzen und allen weiteren erforderlichen Räumlichkeiten geworden. Heute erreicht die *Star of Hope Mission* Menschen unterschiedlichster Nationalität. Hunderte sind von ihren Mitarbeitern schon zu Christus geführt worden – durch Freiluftveranstaltungen, Hauskreise, Haus-zu-Haus-Besuche sowie in Gefängnissen, Krankhäusern und Heimen. Dutzende von jungen Leuten, die sich durch die Mission bekehrten und dort ihre Ausbildung erhielten, sind im In- und Ausland auf unterschiedlichen Arbeitsfeldern tätig, und noch heute wird das Wort Gottes in nicht weniger als vierzig Sprachen von diesem ursprünglichen Zentrum aus in die Welt gesandt.

Das Motto der Familie und der Mission lautete »Ebenezer«: »Bis hierher hat uns der Herr geholfen.« Aber, wie Mr. Stam es gern bezeugt, bedeutete es für sie: »Bis hierher hat der Herr alles getan!«

Man könnte meinen, dass John in diesem Umfeld schon ganz früh seinen Weg zum christlichen Glauben hätte finden können. Seine Geschwister waren alle wirklich bekehrt und arbeiteten in der Mission mit. Aber John hatte seine Probleme. Gewiss hatten sie alle in der Familie ihre Schwierigkeiten, aber bei John dauerte es am längsten, bis sie überwunden waren.

Er war ein ganz normaler Junge – intelligent, selbstständig und hilfsbereit. Schon als kleiner Junge nähte er sich lieber selbst einen Knopf an, als sich von seiner Mutter helfen zu lassen, und als er etwas größer wurde, war er es, der die Initiative ergriff und die Arbeit sachgerecht ausführte, wenn zum Beispiel ein Gartenweg anzulegen oder eine Baumwurzel auszugraben war. Er war kein Musterschüler, aber man erinnerte sich gern an seine außergewöhnliche Höflichkeit und Treue auch in den kleinsten Dingen. Gern hätte ihm sein Vater noch mehr Schulbildung zukommen lassen wollen, aber John interessierte sich damals nicht für eine weiterführende Schule. Er wollte ins

Geschäftsleben einsteigen. Als er daher die christliche Mittelschule abgeschlossen hatte, fing er an, Buchhaltung und Stenografie zu lernen. Danach besuchte er eine zweijährige höhere Handelsschule. Mit fünfzehn war er so groß und männlich im Aussehen, dass man ihn gut für einen Zwanzigjährigen hätte halten können.

Im Innern seines Herzens waren es aber schwierige Jahre. Es war eine ruhelose und bewegte Phase seines Lebens. Später entwickelte er ein gutes kaufmännisches Gespür und zeichnete sich durch Pünktlichkeit und Zuverlässigkeit aus. Aber noch war ihm vieles unklar; sich selbst und anderen war John ein Rätsel. Noch verstand er nämlich nicht die Ursache des Problems: Er versuchte, sein Leben getrennt von der Gnade und Hilfe Gottes zu leben! Dabei gab ihm die *Star of Hope Mission* immer wieder die Gelegenheit, die wunderbaren Veränderungen mitzuerleben, die dann eintreten, wenn sich Herzen für Christus und seine Erlösungskraft öffnen. Aber er, John Stam, war doch keiner von diesen Trinkern und Pennern, von denen, die nichts vom Evangelium wussten und dann durch die Mission zum Glauben kamen! Von Kindesbeinen an war er mit allem vertraut und glaubte es irgendwie auch alles. Aber er war, wie der verlorene Sohn in der biblischen Geschichte, noch in dem »fernen Land« und wegen seiner Selbstgerechtigkeit in großer Gefahr.

Die Bekehrung ist, so sagt man, ein Prozess, der sich plötzlich oder allmählich ereignet und in dem ein bisher in sich gespaltenes, bewusst falsch und unglücklich lebendes Ego durch die Annahme göttlicher Tatsachen in sich eins wird und dann bewusst richtig und glücklich lebt. Und genau das war die Veränderung, die sich durch die Gnade Gottes bei John Stam ereignete, als er »zu sich« und zu seinem himmlischen Vater kam. Nie würde er die tief greifende Sündenerkenntnis vergessen, die sich seiner bemächtigte, als er im Alter von fünfzehn Jahren durch die Predigt eines blinden Evangelisten erweckt wurde, der auf Einladung der Mission Vorträge hielt. Es war in dieser ihm vertrauten Umgebung, die aber irgendwie doch wie verändert erschien, als er sich als verloren, hilflos und fern von Christus erkannte. Die Hölle stand als das grauenvolle Ende eines christuslosen Lebens so realistisch vor seinen Augen wie nie zuvor. Wer diese Erfahrung persönlich noch nicht gemacht hat, kann sich nicht vorstellen, was eine solche Sündenerkenntnis bedeutet, wenn die Seele sozusagen schon vor den Gerichtsschranken Gottes und in seinem reinen Licht steht. Dieses Erlebnis war es, das John Stam von einem ruhelosen und unbefriedigten Jungen in den standhaften Mann Gottes verwandelte, der er einmal werden sollte.

An seinem Platz im Klassenzimmer der Handelsschule übergab er dann endgültig sein Leben dem Herrn. Es war an einem Frühlingstag im Jahr 1922. Von da an wusste John, dass er nicht mehr sich selbst gehörte, und es bereitete ihm immer mehr Freude, im Dienst des Meisters zu stehen. Seine Ausbildung an der Handelsschule setzte er fort, und während der sechs darauffolgenden Jahre bekleidete er unterschiedliche Posten in Paterson und New York. Doch sein Bestreben, Geld zu verdienen und es zu etwas zu bringen, war nicht mehr dasselbe wie früher. Sein Hauptinteresse galt jetzt immer mehr den göttlichen Dingen.

Als er sein Leben Christus ausgeliefert hatte, war er anfänglich sehr gehemmt, wenn es darum ging, sich öffentlich zu ihm zu bekennen. Besondere Angst hatte er davor, dass man ihn einmal bei einer Straßenversammlung auffordern würde, das Wort zu ergreifen, sodass er einen großen Bogen machte, wenn irgendwo eine Gruppe in der Öffentlichkeit sang oder predigte. Aber dann stellte sein Vater ihn vor eine schwierige Aufgabe, die ihn dazu brachte, dass er sich wieder ganz auf Gott warf. Es war Sommer geworden, doch die Freiluftversammlungen hatten noch nicht wieder begonnen. Darüber machte er sich Gedanken und fragte, weshalb die Gruppe noch nicht wieder draußen sei und predige.

»John, hier bist du gefragt! Du musst den Anfang machen«, war die Antwort, die er so nicht erwartet hatte.

»Das brachte mich zunächst aus dem Gleichgewicht«, schrieb er später, »aber ich zog los. Ich musste ja! Und Gott segnete diese ersten, halbherzigen Bemühungen, nahm mir die Angst davor, dass meine ehemaligen Schulfreunde mich sehen und belächeln könnten, und füllte mein Herz mit Freude und mit seinem Segen.«

Er verlor alle Angst in dieser Arbeit, sodass er bald zusammen mit seinem jüngeren Bruder Neal fast jeden Sommerabend auf den Straßen unterwegs war und Zeugnis ablegte für Christus. Er war ein ganz neuer Mensch geworden, eins mit sich selbst, bewusst richtig und glücklich in Christus lebend – eine große Veränderung hatte stattgefunden, und sie hatte Auswirkungen auf jeden Bereich seines Lebens.

Nach seiner Bekehrung gab es für John ein Aufwachen – sowohl geistig als auch geistlich. Er wurde ein begeisterter Leser, bekam einen ganz neuen Sinn für alles Schöne, und die Beschäftigung mit sich selbst machte einem echten Interesse für andere Menschen Platz. Da er täglich zwischen Paterson und New York pendeln musste, hatte er jeweils ein paar Stunden für seine persönlichen Studien zur Verfügung. Er reiste immer mit drei anderen jungen Männern, von denen einer ein Griechisch-Experte war, sodass sie – ob im Zug oder auf der Fähre – regelmäßig eine Griechisch-Lektion erhielten. Und wie sehr wurde sein Horizont in New York erweitert! Vom Fenster seines Büros über dem Battery Park aus sah er all die ausländischen Schiffe kommen und gehen. Hier kreuzten sich die Wege der Ozeanfrachter mit denen der Touristenschiffe aus aller Herren Länder. Einmal lief er Manhattan Island in ganzer Länge ab, und oft erkundete er neben dem Broadway und der Fifth Avenue mit ihrem glitzernden Reichtum auch das Ghetto, Chinatown, Pushcart Lane, Greenwich Village und andere Stadtteile, wo sich viele Ausländer und Künstler aufhielten. Noch mehr als für Museen und Bücher interessierte er sich allerdings für das Wesen der menschlichen Natur.

Und die Folge war, dass er den Ruf immer deutlicher in seinem Herzen vernahm, seine ganze Zeit dem Gewinnen von Seelen zu widmen. Damit war sein Chef gar nicht einverstanden und zeigte sich sogar ungehalten, doch John gab seinen Posten im Geschäftsleben auf und verbrachte zunächst einige Monate damit, in der *Star of Hope Mission* auszuhelfen. Dann ging er ans *Moody Bible Institute* in Chicago, um dort weiterzustudieren und sich ausbilden zu lassen. Dieser Schritt hatte indes etwas Außergewöhnliches an sich, das typisch war für diesen jungen Mann.

Chicago und der praktische Gottesbeweis

John Stam ging nicht nur ans *Moody Bible Institute*, um sich weiter für seinen zukünftigen Dienst ausbilden zu lassen. Er verfolgte noch ein anderes Ziel, und das war ihm genauso wichtig. Ihm war klar geworden, dass er, mehr noch als weitere Kenntnisse, Glauben nötig hatte – einen Glauben, der sich auf eine persönliche Erfahrung der Treue Gottes gründete. Bis dahin war er, was seine alltägliche Versorgung anging, noch nie auf Gott allein angewiesen gewesen. Er kam aus einem guten Hause, und selbst hatte er immer genug verdient, sodass er noch etwas zur Seite legen konnte. Jetzt aber hatte er sich dem Missionsdienst – ob nun zu Hause oder im Ausland – verschrieben und musste im Vertrauen leben, dass Gott für seine Bedürfnisse aufkommen würde. Vielleicht würde er einmal in eine Situation kommen, in der die Hilfe von Menschen nicht ausreichen oder ganz ausbleiben würde. Konnte er sich buchstäblich auf die Verheißungen Gottes verlassen? In der Theorie glaubte er, dass Gott es nie an der finanziellen Unterstützung fehlen lässt, wenn sein Werk auf göttliche Weise ausgeführt wird. Aber wie sah das ganz praktisch aus? Eine Antwort auf diese Frage konnte er nur durch persönliche Erfahrung bekommen.

Sein Weg nach Chicago bot ihm die Gelegenheit, sich selbst und die Verheißungen der Bibel auf die Probe zu stellen. Seiner Familie war bekannt, dass er genug für ein bis zwei Jahre am *Institute* gespart hatte, und es war für sie selbstverständlich, dass er ihnen später dann seine Bedürfnisse mitteilen würde. Genau das wollte John aber nicht tun. Er würde sich in Chicago Arbeit suchen (wenn der Herr sie ihm besorgen wollte), oder er würde als Antwort auf seine Gebete auch anderweitige Hilfe annehmen. Von seinen Bedürfnissen sollte aber nur Gott allein wissen. In seinem Herzen hörte er die Stimme: »Handle so, als ob ich da wäre, und du wirst sehen, dass ich da bin.«

John tauchte wirklich in ein ganz neues Leben ein, als er jetzt einer von tausend Studenten des *Moody Bible Institute* wurde. Einer seiner Brüder schrieb nach einem Besuch bei John:

»Hier bei *Moody* geht wirklich alles wie am Schnürchen. Und bei einer solchen Menge von Studenten geht es auch gar nicht anders. Alles ist so früh: Frühstück um 7, Mittagessen um 12.30 und Abendessen um 17.30 Uhr. Jede Mahlzeit dauert gerade mal eine halbe Stunde. Beinahe jeder Student hat irgendeine praktische Arbeit zu verrichten – und alles wird mit einer großen Freudigkeit getan! Überall und zu aller Zeit wird gesungen, sogar in den Küchen und Waschräumen.«

Ein anderer Besucher schrieb:

»Es geht hier alles wie am Schnürchen, aber es ist einfach fantastisch zu beobachten! Wesley würde seine wahre Freude an dieser Arbeit haben und sie entsprechend loben! Die Brüderlichkeit unter den Mitarbeitern ist beeindruckend. Sie sind alle unterschiedlich und haben doch ein gemeinsames Ziel. Überall spürt man, dass Jesus der Mittelpunkt ist und dass man die Bibel in Ehren hält.«

Zwar waren die Gebäude alt und – wie John feststellen musste – die Einrichtung dürftig, aber von dem Lehrplan konnte man das nicht sagen. Er war überrascht, als er sah, wie ausgefüllt und gleichzeitig durchdacht der Plan war. John belegte zuerst den Kurs für Missionare, der viele praktische Fächer enthielt, wechselte dann aber im zweiten Jahr in den allgemeinen Kurs für Bibelkunde. Er hatte in allen Hauptfächern gute Noten und hinterließ bei seinen Lehrern den Eindruck eines jungen Mannes »mit einer fesselnden Persönlichkeit und einem außergewöhnlichen christlichen Wesen«.

»Seine geistigen Fähigkeiten und sein Auftreten entsprachen einem Mann mit College- oder Universitätsbildung«, schrieb der Sekretär der Fakultät. »Er war ausgeglichen, steckte voller Energie, hatte ein gutes Unterscheidungsvermögen und zeichnete sich durch großen Tatendrang aus. Im Fach Praktischer christlicher Dienst zeigte er sich als guter Redner und ausgezeichneter Gruppenleiter. ... Einer der Mitarbeiter schrieb in seiner Beurteilung über John, dass man ohne allen Zweifel noch von ihm hören würde. Und ein anderer schrieb: ›Es ist zu erwarten, dass dieser junge Mann noch besonders auffallen wird.‹«

John wusste nichts davon, welche Meinung man sich über ihn bildete.

Das Studium war nicht der schwierigste Teil seines neuen Lebens. Zwar wurden viele private und öffentliche Gebetstreffen von den Studenten organisiert, an denen jeden Monat Hunderte teilnahmen; aber es stellte sich für ihn als schwierig heraus, morgens seine eigene Stille Zeit zu halten und auf die Stimme Gottes zu hören. Sein geistliches Leben ließ nach, und alles lief nur noch mechanisch ab. Wenn er sich seine Stunde allein mit Gott nicht entgehen lassen wollte, in der seine Seele auftanken konnte, musste er gegen fünf Uhr aufstehen. Und dieser Gewohnheit blieb er dann auch treu. Die anderen Studenten durften miterleben, dass es, was sein geistliches Leben anging, wieder aufwärtsging mit ihm. »John war einer der wenigen unter den Studenten, dessen Leben in der Öffentlichkeit mich in meinem Wachstum in der Gnade weiterbrachte«, schrieb einer von ihnen. Seinem Bruder aber, mit dem er den intensivsten Briefwechsel pflegte, vertraute er an: »Mein einziges Problem bin ich selbst.«

Er dachte während dieser Zeit sehr viel darüber nach, wie man ein siegreiches Leben führen kann. Ein Vortrag in der Missionarischen Vereinigung hinterließ einen tiefen Eindruck bei ihm. Seinem Bruder übermittelte er die folgenden Gedanken dazu:

> »Man stelle sich eine Plattform vor, auf der alle Menschen stehen und dort der Versuchung ausgesetzt sind. Entweder geht es von hier aus aufwärts oder abwärts.

Sieben verhängnisvolle Schritte abwärts

1. Leichtfertiger Umgang mit der Sünde
2. Der Sünde nachgeben
3. Der Sünde gewohnheitsmäßig nachgeben
4. Der Sünde hingegeben sein: Epheser 4,19
5. Von Gott der Sünde hingegeben sein: Römer 1,28
6. Einen Bund mit dem Teufel eingehen und andere zum Sündigen verleiten
7. Die Hölle – und um dorthin zu kommen, muss man nicht zuerst sterben. Die Hölle ist ein Ort und ein Zustand zugleich. Ein Mensch, der alles hasst, was Gott liebt, ist jetzt schon in der Hölle, und die Hölle ist in ihm.

Sieben wunderbare Schritte aufwärts

1. Widerstehen als eine Grundhaltung: sich dafür entscheiden, dass die Sünde nicht herrschen darf
2. Durch Glauben an Christus die Sünde überwinden
3. Gewohnheitsmäßiger Sieg über die Sünde. Die Kraft, die durch einen Sieg entsteht, hilft zum Überwinden der nächsten Versuchung.
4. Das Geheimnis eines siegreichen Lebens kennenlernen, eines Lebens »verborgen mit dem Christus in Gott«
5. Von Gott in eine tiefere Gemeinschaft mit hineingenommen werden. Du hast auf Gott vertraut, und jetzt vertraut Gott dir. »Daniel, du bist ein Vielgeliebter« – und doch war Daniel nur ein Mensch!
6. Ein Beistand für andere werden – »wie der Schatten eines gewaltigen Felsens im lechzenden Land«
7. Der Himmel – und um dorthin zu kommen, muss man nicht zuerst sterben. Der Himmel ist ein Ort und ein Zustand zugleich. Der Mensch, der mit Hingabe alles liebt, was Gott liebt, ist jetzt schon im Himmel, und der Himmel ist in ihm.

Ich denke, dass wir nur eine Ausrede suchen, wenn wir versagt haben, weil wir ja sehen, dass unser Fleisch schwach ist. Würden wir jedoch die Sünde wirklich so sehen, wie Gott sie sieht, was für einen Kampf würde es dann geben!«

Aber es war ein Kampf des Glaubens! John wusste, was seine einzige Kraftquelle war. Er zitierte einen anderen Lehrer: »Sich dafür halten, sich dafür halten, sich dafür halten[1] – und nicht fühlen. Kümmere dich nicht um Gefühle, und Gott wird das ›Sich-dafür-halten‹ Wirklichkeit werden lassen.«

Sein Gebetsleben gewann an Tiefe. Aber das war nicht kostenlos zu haben. Und was seine finanzielle Versorgung anging, ließ Gott Prüfungen zu, die größer waren, als er es erwartet hatte. Mit solchen Gedanken im Hinterkopf schrieb er seinem Bruder, der als Missionar in Belgisch-Kongo tätig war:

»Der Herr hat während meiner ganzen Zeit hier am *Moody Institute* auf wunderbare Weise für mich gesorgt. Es ist für mich ein großes Vorrecht, dass ich hier sein darf, allein schon wegen der Lektionen, die der Herr mich hat lernen lassen und in denen er mir gezeigt hat, wie er mit den Menschen handelt … Im Unterricht bin ich gut vorwärtsgekommen, aber ich glaube, dass ich noch mehr außerhalb des Klassenraums gelernt habe.«

Er lernte zunächst einmal, dass Gott ungeahnte Möglichkeiten hat, wie er sich um seine Kinder kümmern kann, und dass er sowohl Arme als auch Reiche gebrauchen kann, um die Bedürfnisse zu stillen, die allein ihm bekannt sind. Später einmal schrieb er aus China:

»Lebt eigentlich Mrs. C. noch? Nie werde ich die zwei Dollar vergessen, die mir diese treue Frau zukommen ließ, als

1 In Anlehnung an Römer 6,11: »Haltet euch der Sünde für tot« (Anmerkung des Übersetzers).

ich am *Moody Institute* war. Dabei verdiente sie selbst nur so wenig durch ihr Hausieren. Wahrhaftig – ›solcher ist das Himmelreich!‹«

Es war nicht einfach für John, Gaben dieser Art anzunehmen. Er war von Natur aus unabhängig und bemüht, durch eigene Arbeit so weit wie möglich für sich selbst zu sorgen. Dreimal täglich, wenn acht- bis neunhundert Studenten gemeinsam ihre Mahlzeit einnahmen, bediente er die Tische. Er tat das mit so großem Erfolg, dass ihm später die Aufsicht über den Speisesaal und sogar über die Küche anvertraut wurde. Wenn die Arbeit auch anstrengend war, so bedeutete sie für ihn doch ein kleines Einkommen. Seine Zeit war mit Lernen und weiteren Aufgaben so ausgefüllt, dass er keiner Arbeit nachgehen konnte, die lukrativer gewesen wäre, wenn sich auch hier und da einmal die Gelegenheit für Büroarbeiten bot. Er hatte also genau das bekommen, was er sich wünschte, als er nach Chicago ging: die Gelegenheit, für sich selbst die Wirklichkeit des Gebets und die Abhängigkeit von den Verheißungen Gottes zu testen.

Ein Erlebnis war ihm so frisch in Erinnerung geblieben, dass er später einmal von China aus darüber berichtete. Es war sein erstes Weihnachten am *Bible Institute*, und ein Mitstudent aus Paterson wollte ihn für die Ferien in seinem Auto mit nach Hause nehmen. Aber die Fahrt würde kalt werden, und John hatte kaum Geld.

»Ich hatte Tom gesagt, dass ich mitkommen würde. Aber ich hatte kein Geld, sodass ich mir nicht einmal ein paar warme Socken für die Autofahrt kaufen konnte. Als ich dann eines Abends eines von den vier Hemden anzog, die ich mit nach Hause nehmen wollte, zerriss es. Ein geflicktes Hemd wollte ich aber nicht mit nach Hause bringen, weil Mutter dann annehmen würde, dass ich kein Geld hätte. Ich aber wollte sehen, wie der Herr mich versorgen würde, und das als einen Test ansehen für seine Fürsorge

in Zeiten, die noch vor mir lagen. Ich ging hinunter an den See. Traurig und niedergeschlagen dachte ich bei mir:
›Es ist ja in Ordnung, dem Herrn zu vertrauen, aber ich hätte auch nichts dagegen, wenn ich ein paar Dollar in der Tasche hätte.‹
Wie ein Blitz durchfuhr es mich! Ich hätte mich selbst ohrfeigen können, war ich doch der Meinung, ein paar Dollar in der Tasche wären mehr wert als die Macht des Herrn, der mir eine Million zur Verfügung stellen konnte, wenn er es nur wollte.
Nur wenige Minuten später überquerte ich den Michigan Boulevard, ohne so recht auf den Verkehr zu achten – was man ja eigentlich tun sollte –, und da entdeckte ich einen Fünfdollarschein auf der Straße. Ja, das war wirklich eine Rüge vonseiten des Herrn, einer von den sanften Tadeln, die wir manchmal auf so wunderbare Weise von ihm bekommen. Auch wenn sie nass waren, so konnte ich nichts gegen die fünf Dollar sagen. Ich trocknete den Schein, und am nächsten Tag ging ich zu *Montgomery's Ward,* suchte mir den Tisch mit den Sonderangeboten und kaufte ein paar Hemden und ein Paar guter, warmer Socken – gerade das, was ich für die Fahrt brauchte.
Diese Socken habe ich immer noch, und jedes Mal, wenn ich sie in einer kalten Nacht anziehe, halten sie mir eine Predigt von der wunderbaren Macht des Herrn, mit der er für mich sorgt – einerlei, wie groß meine Bedürfnisse in der Zukunft auch werden mögen.«

Ein anderes Mal wurde Johns Herz sehr durch ein kleines Erlebnis berührt, das ihm lebendig vor Augen führte, wie nah Gott ist und wie er sich kümmert. Er hatte einen wichtigen Anruf zu tätigen und nahm das Fünf-Cent-Stück mit, das zu dem Zeitpunkt seinen ganzen Bestand an Bargeld ausmachte. Aber nach dem Gespräch wurde noch ein weiterer Anruf erforderlich, und jetzt hatte er gar kein Geld mehr. Er war niedergeschlagen und wusste nicht, was er tun sollte. Gerade in diesem Moment fiel sein Blick auf ein anderes Fünf-Cent-Stück, das in dem Einwurfschlitz steckte und nur darauf wartete, benutzt zu werden.

> »Natürlich kann man das als etwas Belangloses abtun! Es war ja nur ein Fünf-Cent-Stück, das jemand dort vergessen hatte. Aber als ich es so dringend brauchte, war es da! Und Gott, der jede Bewegung eines Sperlings kennt, weiß auch um unsere kleinen Nöte.«

Dieses und manches ähnliche Erlebnis war für ihn so wertvoll, dass er gar nicht anders konnte, als seinen Mitstudenten davon zu erzählen. Für nicht wenige von ihnen war es eine Hilfe in ihren eigenen Schwierigkeiten, wenn sie sahen, welche Einstellung er hatte: Was ihn erfüllte, war freudiges Vertrauen und Gotteslob. Auch in manchen seiner Briefe wird das deutlich. Einmal schrieb er jemandem, dessen geistlicher Zustand ihn mit Sorge erfüllte:

> »Ja, ich weiß, dass du früher über mich gelacht hast. Und als du mich das erste Mal in dein Büro bestelltest und ich mir deinen Vortrag darüber anhören musste, was du vom Christentum hältst, habe ich ganz schön Angst bekommen. Aber das Ganze hat bei mir nur eins bewirkt: Ich ging sofort zu Liggett's Drug Store und kaufte mir ein Exemplar von Tom Paines *Age of Reason*. Dann besorgte ich mir Bücher über die angeblichen Fehler und Widersprüche in der Bibel und ging aus dieser Beschäftigung mit einer größeren Überzeugung hervor, als ich sie je zuvor hatte, nämlich, dass die Bibel das Wort Gottes ist.
> Seitdem habe ich die Bibel in sehr praktischer Weise auf die Probe stellen können. Ich habe erlebt, wie sich ihre Verheißungen als richtig herausgestellt haben. Gott hat meine Gebete Dutzende Male erhört und beantwortet, und das zu Zeiten, als nur er um meine Situation wusste. Und was er mir dann zukommen ließ, entsprach genau

> dem, was ich gerade brauchte, sodass es offensichtlich die Hand Gottes war.
> Und außerdem habe ich gesehen, wie Gott im Leben von Menschen wirkt. Es ist einfach großartig, wenn man sieht, wie Menschen von ihren Sünden umkehren, um den wahren und lebendigen Gott zu suchen, in ihm Vergebung zu finden sowie die Kraft zu einem neuen Leben.
> Du kannst es mir glauben: Lieber will ich der einfachste Christ sein, als alles zu besitzen, was ein Mensch auf der Erde sein Eigen nennen kann, dabei aber ohne Christus bleibt. Ich kann mich noch gut erinnern, dass Geld das Einzige war, wofür du dich interessiertest. Du meintest damals, du könntest dir damit auch das Glück kaufen. Vielleicht hast du mittlerweile schon herausgefunden, wie falsch du da liegst. Wenn nicht, dann ist es nur eine Frage der Zeit. … Sobald du zu Christus kommst, um von ihm Vergebung und Reinigung zu empfangen, wird er dich davon befreien, sündige Dinge zu begehren, und er wird dir wahren Frieden und echtes Lebensglück schenken. Ja, er ist ein wunderbarer Retter und Herr, und ein wunderbarer Meister, für den man arbeiten darf!«

Auch in einer weiteren Hinsicht wurde Johns Glaube von Gott in die Schule genommen, sodass er immer mehr Sicherheit gewann in Bezug auf Gott. Jungen Christen ergeht es ja häufig so, dass sie es schwierig finden, die Führungen Gottes im Leben zu verstehen. Er aber bekam jetzt eine viel weitere Sicht auf das Leben. Bei *Moody* wurden viele Missionsvorträge gehalten, und er las die Berichte der Missionare mit zunehmendem Interesse. Gerne machte er davon auch Gebrauch in den Versammlungen, für die er verantwortlich war. All das war für ihn ein neuer und eindringlicher Ruf, dass er sein ganzes Leben für das einsetzen sollte, was wir das »Missionsfeld« nennen. Seine Familie indes schien ihn in dieser Hinsicht nicht zu unterstützen. Sein Vater hatte auf ihn verzichtet, weil er ihm die Möglichkeit einräumen wollte, das *Bible Institute* zu besuchen – in der Hoffnung, dass er wieder nach Paterson zurückkehren und sich der Arbeit bei *Star of Hope* widmen würde. Mit der Zeit würde die Mission einen jüngeren Leiter brauchen, und John war ganz eindeutig für diesen Posten geeignet. Mr. Stams Kinder sollten Gott zur Verfügung stehen, und er freute sich auch darüber, dass einer seiner Söhne einen Dienst in Afrika am Äquator tat. Zugleich war er aber auch zutiefst davon überzeugt, dass das Leben eines jeden Menschen ein Plan Gottes ist und dass die jungen Leute die Aufgaben an der Heimatfront nicht übersehen und sich auch nicht von rein menschlichen Einflüssen oder persönlichen Wünschen bestimmen lassen sollten, was ihr zukünftiges Lebenswerk betrifft. Johns Liebe zu seinem Vater und seine Achtung vor ihm waren so echt, dass er beschwert wurde durch dessen wenig Mut machende Haltung, die weniger in Worten zum Ausdruck kam, dafür aber umso mehr von ihm empfunden wurde.

Seinem Bruder Jacob schrieb er:

»Der Herr weiß, wo er mich haben will, ob in Holland, in Paterson oder sonst wo in den Vereinigten Staaten oder in China oder Indien. Aber es scheint doch in keinem Verhältnis zu stehen, wenn man sieht, wie viele es hier gibt und wie wenige da draußen sind. Gewiss gibt es im Werk des Herrn hier auch nicht zu viele Mitarbeiter, aber es hat einmal jemand gesagt: ›Es gibt solche, die einfach nicht gehen können, und solche, die frei sind zu gehen. Warum sollten sie alle zu Hause bleiben und dieselbe Arbeit tun?‹«

Er konnte einfach nur beten. Und als er betete, stellte er fest, dass Gott am Werk war. Der Ton in den Briefen seines Vaters änderte sich allmählich. Anfänglich hatte er geschrieben: »Redner und Missionsgesellschaften versuchen auf emotionale Weise, junge Menschen zum Dienst in Übersee zu überreden.«

Dann schrieb er: »Warum gerade China oder Indien, wenn andere Länder doch viel offener sind? Ist es nicht eher nach dem Willen des Herrn, wenn man dahin geht, wo sein Werk ungehindert betrieben werden kann, statt dort, wo man ständig in Lebensgefahr steht und wo es so viel Widerstand gibt?«

Und neun Monate später schrieb er schließlich: »Der Herr gebe dir seinen reichen Segen und führe dich durch seinen Heiligen Geist, damit du seinen Willen tun kannst. Wir müssen beten, dass mehr Männer nach China gehen.«

Zweifelsohne waren die Verhältnisse in China zu dieser Zeit sehr angespannt. Es war der Juni des Jahres 1930. Die kommunistischen Truppen hatten Jiangxi zum großen Teil in Besitz genommen und vergossen viel Blut in dieser bevölkerungsreichen und landschaftlich so schönen Provinz. Drei außerordentliche Mitglieder der *China-Inland-Mission* (heute *Overseas Missionary Fellowship [Überseeische Missions-Gesellschaft]*) waren schon durch die Kommunisten umgekommen, und zwei weitere waren noch in ihrem Gewahrsam.

> »Es ist erstaunlich, dass es gerade die Provinzen in China mit den meisten Schwierigkeiten sind, wo die *China-Inland-Mission* – nach viel Überlegung und Gebet – ihre evangelistischen Bemühungen verstärken will. Zwei ihrer sehr geschätzten Mitarbeiter, R.W. Porteous und seine Frau, sind noch immer in den Händen von Banditen, aber es ist uns zu Ohren gekommen, dass sie täglich lehrend und predigend unter ihren Entführern tätig sind. Es heißt, die kommunistischen Soldaten empfänden eine so große Wertschätzung für sie, dass sie erklärt haben, diese alten Leute seien zu gut, als dass man sie töten könne. Sie wünschten, die beiden würden Kommunisten! Bei all den innenpolitischen Problemen des Landes scheint es ungeahnte Möglichkeiten in China zu geben.«

Am Tag, nachdem John diese Worte niedergeschrieben hatte, wurden R.W. Porteous und seine Frau auf wunderbare Weise freigelassen. Es war, als wären sie nach diesen hundert gefährlichen und leidvollen Tagen von den Toten zurückgekehrt.

Ein Zuhause in China

Fern von Chicago lag ein anderes Zuhause, dessen Umgebung sich sehr von dem unterschied, welches John so viel gegeben hatte. Dort wuchs ein anderes junges Leben auf, das einmal sein eigenes Leben vervollständigen sollte. Aber wie wenig wussten sie davon, als sie sich das erste Mal am *Moody Bible Institute* begegneten!

Elisabeth Alden Scott war in den Vereinigten Staaten geboren und in China aufgewachsen. Ihre Eltern standen in einem hingebungsvollen missionarischen Dienst der amerikanischen presbyterianischen Kirche. Elisabeth war eine direkte Nachfahrin der Mayflower-Pioniere John und Priscilla Alden und gehörte zu den alteingesessenen Familien von New England. Ihr Vater Dr. Charles Ernest Scott hatte nach einer glänzenden Universitätslaufbahn den sich in Kirche und College bietenden Möglichkeiten den Rücken gekehrt, um sich zusammen mit seiner jungen Frau den Härten eines hausmissionarischen Dienstes in den Wäldern von Michigan zu stellen. Bevor sie schließlich nach China ausreisten, waren sie zudem in der Stadt Albion tätig gewesen, wo Betty zur Welt kam. Ihre Aufgabe in China sollte Evangelisation und Bibelunterricht sein. Wie unermüdlich und lohnenswert ihre Bemühungen im Norden der Provinz Shandong waren, ist uns gut durch die Schriften und Missionsvorträge von Dr. Scott überliefert. Über ihren elterlichen Einfluss ist allgemein nicht viel bekannt, er kommt aber in diesen Aufzeichnungen ganz besonders zum Ausdruck. Durch den Segen Gottes gaben alle ihre Kinder ihr Leben hin für den Herrn und für China.[2]

2 Dr. Courtenay H. Fenn von der presbyterianischen Mission schrieb: »Elisabeth und Beatrice sind schon nach China gegangen – Elisabeth, um in heldenhafter Weise ihr Leben zusammen mit ihrem Ehemann hinzugeben;

Elisabeth war die Älteste und zeichnete sich durch ein geradliniges und gewinnendes Wesen sowie eine warmherzige Liebe aus. Wenn ihr Vater zu Hause war, kam es schon einmal vor, dass sie leise zur Tür seines Arbeitszimmers schlich. Ihr Vater hörte das vorsichtige Klopfen und fragte, was sie wolle. Ihre Antwort war dann: »Ich wollte dir nur sagen, wie lieb ich dich habe, Papa!«

Durch einen Kuss ihres Vaters beglückt lief sie wieder davon und wandte sich ihrem Spiel zu.

Von Bettys Schwester liegt uns die folgende Beschreibung ihres elterlichen Heims vor:

> »Es waren für uns fünf kleine Kinder außerordentlich glückliche Jahre in der schönen Stadt Qingdao, ganz in der Nähe der Küste. Es machte mir und Betty eine Riesenfreude, wenn wir versuchten, auf dem uralten Fahrrad unsers Vaters zu fahren. Wir waren fast immer draußen und erforschten für uns die wunderschöne waldreiche Umgebung in der Nähe. Einer unserer Cousins wohnte bei uns, weil er uns so viel wie möglich über die Natur beibringen sollte. Das hörte erst auf, als Betty aufs Internat in der Nähe von Peking ging. Kurz darauf zogen wir nach Jinan um.
>
> Ich glaube, unser Vater und unsere Mutter nahmen ihre Aufgabe als Eltern sehr viel ernster als die meisten anderen Eltern. Wenn wir heute zurückblicken auf ihre gewissenhafte Erziehung, auf die vielen gemeinsamen Unternehmungen und auf die geistigen Fähigkeiten, die sie uns

---

Beatrice als die Ehefrau von Dr. Theodore Stevenson von unserer Südchina-Mission; Helen mit ihrem Ehemann, dem Rev. George Gordon Mahy, Jr., nach einem mehrjährigen Dienst am Witherspoon College in Kentucky. Francis, jetzt als Student am Princeton Seminary, und sein jüngerer Bruder Kenneth am Davidson College bereiten sich ebenso für die Mission vor. Ich weiß sehr viel über das Leben in ihrem Heim in China und darf freudig die guten Beziehungen innerhalb der Familie und die ausgezeichnete Erziehung der Kinder bezeugen.«

vermittelten, dann wird uns erst deutlich, wie viel Mühe sie dafür aufgewendet haben.
Das Motto in unserer Familie lautete: ›Das machen wir zusammen!‹ Egal wie beschäftigt unser Vater war (und er hatte immer viel zu tun) – wir liefen jeden Vormittag um elf Uhr hinaus und spielten bis zum Mittagessen mit Begeisterung das eine oder andere Laufspiel. Manchmal machte sogar unsere Mutter mit. Nach dem Frühstück wurde immer gemeinsam gebetet, wobei die Kinder abwechselnd an die Reihe kamen und auch die Lieder aussuchten, die gesungen werden sollten. Vater glaubte fest an den Wert athletischer Übungen, und lange Zeit machten wir nach dem Aufstehen – wozu uns unser Bruder mit seiner Trompete verhalf – gemeinsam Gymnastik. Das Abendessen wurde recht früh eingenommen, und danach gab es immer eine Lesestunde, in der Vater oder Mutter uns aus wunderschön illustrierten Kinderbüchern vorlasen. Nach dem Mittagessen mussten wir uns alle hinlegen, auch als wir schon größer geworden waren. Den ganzen Tag lang machten wir also immer alles zusammen, und da es im Umkreis von fünf Kilometern kaum Kinder in unserem Alter gab, konnten sich starke familiäre Bindungen entwickeln.«

Eins nach dem anderen folgten die Kinder Betty auf die gemischte Schule in Tongzhou, die sie einige Jahre lang besuchten.

»Was ich aus dieser Zeit von Betty noch weiß, ist, dass sie ein fröhliches, lachendes und kluges Mädchen war, das etliche Bewunderer unter den Jungen hatte sowie viele gute Freundinnen. Mir als ihrer kleinen Schwester gegenüber war sie nett und rücksichtsvoll, und ich kann mich an manchen Sonntagnachmittag erinnern, wenn wir, die Arme umeinandergelegt, über das Schulgelände spazierten, uns von zu Hause erzählten und über die Schule redeten. Zu Weihnachten und im Sommer fuhren wir nach

Hause. Dann zog die ganze Familie immer in unser Ferienhaus in Peitaiho um, das auch am Meer gelegen war. Die meiste Zeit verbrachten wir dort mit Schwimmen, Tennisspielen, Lesen oder als Sekretärinnen für unseren Vater, der immer so viel zu tun hatte.«

An den Sonntagen ging es streng zu, und doch waren es glückliche Tage. In den ersten Jahren hatten sie weder eine Gemeinde noch eine Sonntagsschule, die sie besuchen konnten, mit Ausnahme der langen chinesischen Gottesdienste, an denen sie aber normalerweise nicht teilnahmen. Das geistliche Leben der Kinder wurde aber angeregt und gefördert durch die Unterweisung und das Vorbild ihrer Eltern zu Hause. Welch tiefen Eindruck sie in Bettys Leben hinterlassen sollten, geht aus den Zeilen hervor, die sie, fern von dem Schutz und der Fürsorge ihrer geliebten Eltern, niederschrieb:

To Father and Mother

My words, dear Father, precious Mother,
May God select from His rich store.
I am, because you loved each other –
Oh, may my love unite you more!

When I was born, brimmed the bright water,
For pain and joy, in eyes gray-blue.
(A tiny bud of you, a daughter,
And yet, distinct, a person, too!)

In pain and joy and love up-welling
You treasured me against your heart;
And I, bewildered beyond telling,
Grew calm and slept, with tears astart.

As life grew bigger, I stood firmer,
With legs apart, eyes round and wide,
You told me all I asked, a learner
Who was not ever satisfied!

Throughout my childhood flitted fairies
Of sunshine and the open air,
Came chubby sisters, cheeked with Cherries,
And baby boys with kewpie-hair.

We grew like colts and April saplings –
Seeking rebelliously for Truth.
You loved and learned and stood beside us.
And understood the shocks of youth.

As life grew mystical and magic
And I walked dreamily on earth,
Ere I should wake to see the tragic,
You planted, deep, ideals of worth.

You fed my mind, a flamelet tiny,
Yet keen and hungry, in a wood;
It seized and glowed and spread and crackled,
And all the fuel in reach was good.

Somewhere beneath the loam of senses,
A seed of Art you hoped was there,
Received the sun and rain and blossomed,
All through your stimulating care.

But not content with mental culture,
Seeing my spirit mourn in night.
You taught the Word and Way of sinners,
Until Christ's Spirit brought me light.

Your loving courage never faltered.
Your plans were gently laid aside,
(That time my whole life-pattern altered)
Obedient to our Lord and Guide.

Your life for others, in each other,
Shines through the world, pain-tarnished here;
As faithful stewards, Father, Mother,
Your crown shall be unstained by tear.

Imagine, in God's certain Heaven,
Your children made forever glad,
Praising the Lord for having given
The dearest parents ever had.[3]

An meinen Vater und meine Mutter

Meine Worte, lieber Vater, werte Mutter,
möge Gott aus seinem großen Vorrat schöpfen.
Mich gibt es, weil ihr einander liebtet –
dass meine Liebe euch noch mehr zusammenführe!

Als ich geboren, stand in grau-blauen Augen
das Wasser des Schmerzes und der Freude.
(Ein kleiner Spross von euch, ein Töchterchen,
und doch ich selbst ein eignes Wesen!)

In Schmerz und Freude, voller Liebe
an euer Herz gedrückt wie einen Schatz.
Und ich, die ich so unsagbar verstört,
ich wurde ruhig, und ohne Tränen schlief ich ein.

Das Leben wurde größer, mit beiden Füßen
stand ich fest. Ich sah mit weit offenen Augen.
Ihr sagtet alles mir, wonach ich fragte.
Ich wollte lernen und war doch nie befriedigt.

Sonnenschein und frische Luft, sie zogen
Feen gleich durch meine Kindheitstage.
Pausbäckig rot die Schwestern waren,
die kleinen Brüder hübsch gelockt.

Wie Fohlen wuchsen wir, wie junge Bäumchen,
begehrten auf und suchten doch die Wahrheit.
Ihr liebtet, lehrtet und standet uns zur Seite.
Verstandet auch, was uns beschwert in Jugendtagen.

---

3 Nach diesem und den folgenden englischen Original-Gedichten drucken wir jeweils die deutsche Übertragung.

Das Leben wurde mystisch, magisch,
und träumerisch zog ich des Weges.
Noch eh die Tragik mir ersichtlich,
habt tief gepflanzt ihr eure Ideale.

Ihr nährtet meinen Geist, das kleine Flämmchen,
das leidenschaftlich brennen wollte.
Es wollte um sich greifen, glühen, knistern,
und alles, was mit brennen wollte, war mir gut.

Und irgendwo im Innern meiner Sinne,
da wähntet ihr ein Samenkorn von Kunst.
Die Sonne schien, der Regen fiel, es blühte,
und alles dies durch eurer Hände Pflege.

Indes, Geist und Kultur, sie reichten nicht,
ihr saht, wie meine Seele traurig war in Dunkelheit.
Ihr lehrtet mich das Wort, den Weg für Sünder,
bis Christi Geist mir endlich brachte Licht.

Nie ließ sie nach, die Liebe und Ermutigung
von euch, wobei ihr eigne Pläne fallen ließet
(was meinen Lebensweg ganz ändern sollte),
ergeben unserm Herrn, gehorsam seinem Fingerzeig.

Für andre lebtet ihr, und doch gemeinsam, ein Licht
war's für die Welt, auch mancher Schmerzen ungeachtet;
Vater, Mutter – treu wart ihr, Gottes Verwalter,
und kein Tränenfleck soll sich auf eurer Krone zeigen!

Und denkt euch nur, in Gottes sichrem Himmel,
für immer froh sind eure Kinder alle,
sie loben Gott, weil er ihnen schenkte
die liebsten Eltern, die es jemals gab.

Es war ein schwerer Abschied, als die Familie auseinandergerissen wurde, weil die Kinder für die weitere Ausbildung nach Amerika gehen sollten. Mit siebzehn Jahren war Betty fast reif fürs College, und glücklicherweise stand auch Dr. Scotts Heimaturlaub an, sodass sie alle zusammen nach Hause fahren konnten. Sie hatten die Reise lange im Voraus geplant, und es wurden sechs herrliche Monate, die mit Reisen und Lernen angefüllt waren und die sie nach Ägypten, ins Heilige Land, nach Griechenland, Italien, in die Schweiz, nach Frankreich und England führen sollten.

> »Es war ein wunderbares Erlebnis, und wir können gar nicht aufhören, darüber zu reden. Wir führten alle eifrig Tagebuch, und jedes neue Erlebnis wurde mit Begeisterung aufgenommen. Das Heilige Land mit den Besuchen am Gartengrab und auf dem Hügel Golgatha war natürlich am interessantesten. Was wir außerdem nicht so schnell vergessen werden: singend über die Schweizer Bergpfade ziehen und dabei Schokolade essen; über Gletscher laufen; die Jungfrau besteigen; den Vesuv sehen; auf Eseln durch die weiten Ebenen Ägyptens galoppieren und die Königsgräber besuchen; einem Umzug in Venedig zu Ehren Mussolinis beiwohnen; Kathedralen besichtigen und Gemäldegalerien besuchen; im Petersdom miterleben, wie der Papst gerade jemanden heiligsprach; sowie buchstäblich Dutzende weitere schöne oder doch bemerkenswert seltsame Dinge. Nicht so schön war es, dass wir einmal fast unseren jüngsten Bruder verloren hätten.
>
> Was Betty auf dieser Reise mit am meisten beeindruckte, war ein junger Ire, der uns über mehrere Wochen hinweg begleitete und fast wie ein großer Bruder war. Wir fanden ihn alle wunderbar! Aber bei Betty hinterließ er einen besonderen Eindruck – und sie bei ihm. Er kam aus einer weltlichen Familie und wollte als Missionar nach Afrika gehen. Seine Hingabe an Christus, seine übersprudelnde Lebendigkeit und seine immer gute Laune fand sie sehr anziehend. Nachdem wir uns wieder trennen mussten,

stand sie noch eine Zeit lang im Briefwechsel mit ihm. Danach verlor sich der Kontakt jedoch wieder.
Wir fünf Kinder gingen damals alle davon aus, dass wir als Missionare wieder nach China zurückkehren würden. Nicht dass unsere Eltern es von uns verlangt hätten, aber es erschien uns einfach natürlich und richtig. Die Kontakte mit den Chinesen waren auf wenige beschränkt, aber doch sehr herzlich gewesen. Unsere chinesischen Bediensteten waren treue Christen, und wir mochten sie sehr. Manchmal schlichen wir uns zu ihren Zimmern, um etwas von dem chinesischen Essen zu bekommen, von dem Mutter meinte, es sei nicht gut für uns. Die alte *amah*, die sich um uns kümmerte – und gern auch herumkommandierte – war uns ganz besonders lieb. In der Schule hatten wir kaum Kontakte mit Leuten außerhalb des Schulgeländes, aber Betty und ich lernten doch über zwei Jahre hinweg, die chinesischen Schriftzeichen zu schreiben und zu lesen. Wir dachten, wir würden sie später einmal gebrauchen können.«

So kehrte also die ganze Familie 1923 nach Hause zurück. Für Betty war es das freudige Ende ihrer Kindheitsjahre, und vor ihr lag eine helle Zukunft.

Am College und andere ernste Dinge

Rund ein Jahr später begann Betty als eine von vielen anderen Studienanfängern ihr Studium am Wilson College in Chambersburg, Pennsylvania, USA. Jetzt war es eine andere Betty als die, welche die Alpen bestiegen und von Hoffnung beflügelt in die Zukunft geschaut hatte. Während ihrer wenigen Monate an der weiterführenden Schule war sie nämlich plötzlich ernsthaft krank geworden. Entzündlicher Rheumatismus hatte ihr eine schmerzhafte Zeit beschert, wodurch ihr Herz so geschwächt war, dass sie monatelang streng das Bett hüten musste, selbst nachdem das Schlimmste schon überstanden war. Glücklicherweise waren ihre Eltern noch nicht wieder nach China zurückgekehrt. Es war ein weiterer glücklicher Umstand, dass ihr Glaube tief in der Liebe Gottes verwurzelt war. Und doch waren es lange und schwere Monate gewesen, die ihr hauptsächlich durch ihre neu entdeckten Begabungen erhellt wurden. Sie stellte nämlich für sich fest, dass sie Gedichte schreiben konnte, und außerdem wurden ihr geistliche Dinge wieder neu lebendig.

So ergab es sich ganz von selbst, dass Betty mit einer anderen Einstellung ans College kam als die meisten anderen Mädchen ihres Alters. Obwohl sie erst achtzehn war, hatte sie schon viel von der Welt gesehen und manches Ungewöhnliche erlebt. Sie hatte einen weiten Horizont und ein ausgeprägtes Gefühlsleben. Vor allem aber waren es jetzt göttliche Dinge, die ihr viel bedeuteten. Rauchen, Tanzen und andere Oberflächlichkeiten übten auf ihr Leben keinerlei Anziehungskraft aus, sodass Betty von vielen als eine von den »Frommen« gehalten wurde, denen man liebsten aus dem Weg ging. Als ein paar Jahre später Helen zu ihr stieß, bestanden diese Schwierigkeiten des Anfangs jedoch nicht mehr.

»Betty war es jetzt gelungen, sich Respekt zu verschaffen – zum einen wegen ihrer schriftstellerischen Begabung, die offensichtlich wirklich über dem Durchschnitt lag, und zum anderen wegen des Tiefgangs und der Aufrichtigkeit, wodurch sich ihr geistliches Leiben auszeichnete. Sie war Vorsitzende ihrer literarischen Gesellschaft und Mitherausgeberin einer Literaturzeitschrift, sie interessierte sich für Dramaturgie und arbeitete aktiv in einer freiwilligen studentischen Missionsbewegung mit. Sie galt als eine der besten Studentinnen in ihrem Jahrgang und machte einen sehr guten Abschluss.

Wir standen uns damals sehr nah. Betty interessierte sich für alles, was ich mochte, besonders für Leichtathletik. Ihr schwaches Herz erlaubte es zwar nicht, dass sie selbst aktiv teilnahm, aber sie freute sich über meine kleinen Siege oft mehr als ich selbst.«

Dr. Nevius von der Fakultät in Wilson schrieb:

»Es ist, als wäre Betty gestern noch hier gewesen – in ihrem Klassenraum, in der studentischen Missionsbewegung, auf ihrem Posten in der Studentenvertretung und in ihrer literarischen Gesellschaft. Es war einfach schön, sie mit ihrer freundlichen Art um sich zu haben. Der Einfluss, den sie auf andere ausübte, war unaufdringlich und doch überzeugend, und gerade das ist es, was all die nie vergessen werden, die sie gekannt haben …

Wer immer eins der vier Jahre, die sie am College war, mit ihr verbracht hat, wird sich daran erinnern, welche Aufrichtigkeit und innere Schönheit von ihr ausging. Es sind unvergessliche Erinnerungen. Neben ihrem freundlichen Auftreten, ihrer wohltuenden liebevollen Art und der Schönheit in ihrem literarischen Ausdruck werden sich die Ehemaligen hauptsächlich an ihren Glauben sowie die Ruhe und Gelassenheit erinnern, mit der sie unter uns lebte. Dieser Glaube hatte einen Felsen zur Grundlage, und diese Ruhe war in ihrem tiefen Herzensfrieden begründet. Solche Werte können nicht vergehen.«

Noch bevor sie ins zweite Studienjahr kam, lernte Betty das ausgetauschte Leben, in dem es heißt: »Nicht ich, sondern Christus«, in einer neuen und umfassenderen Weise kennen. Nach dem Besuch einer Sommerkonferenz in Keswick, New Jersey, USA, schrieb sie die folgenden Worte aus einem übervollen Herzen an ihre Eltern:

»›Keswick‹ ist vorbei, aber ich bin mir sicher, dass die Botschaft der Konferenz nie aufhört, aktuell zu sein! Dankt dem Herrn! Ich habe mich dem Herrn noch mehr hingegeben, als ich es je für möglich gehalten hätte. Er hat schon in wunderbarer Weise meine Gebete erhört – in den kleinen und in den großen Dingen des Lebens. Fast alle Jungen und Mädchen, auch die, von denen man es nicht erwartet hätte, haben ihr Leben IHM geschenkt. Die ›Sag-Nein-Versammlung‹ gestern war einfach überwältigend. Ich wusste gar nicht, dass ein solcher Sieg möglich ist. Der Weg dahin ist ganz einfach Christus – und unsere völlige Hingabe in seinen Willen, den er für unser Leben hat. Ich habe ihm auch all das geweiht, was ich an dichterischen oder schriftstellerischen Begabungen haben mag. Vielleicht kann er mich dadurch gebrauchen. Wäre das nicht wunderbar? Es hat mich sehr beeindruckt zu sehen, wie Mr. Harkness seine musikalischen Talente dem Herrn geweiht hat.
Jetzt, wo ich mein Leben Jesus übergeben habe, verstehe ich, was ich schon längst hätte tun sollen, und ich frage mich, warum ich nur so dumm sein konnte und es bisher nicht getan habe. Nun hört sich das vielleicht so an, als wäre ich ein kleiner vollkommener Engel und würde mit meinen Flügeln um mich schlagen. Aber ich bin immer noch sehr unvollkommen. Für die Zukunft jedoch gibt es die Verheißung der Vollkommenheit! Auch jetzt ist es noch so, dass alles dann am besten geht, wenn ich die Wünsche, Interessen und Meinungen anderer an die erste Stelle setze. ›Keswick‹ hat mir in wunderbarer Weise

Einsicht darüber gegeben, wie siegreich das siegreiche Leben wirklich sein kann. Seitdem ich dort war, habe ich schon mehrere ganz konkrete Gebetserhörungen gehabt. Jetzt macht der Herr mir gerade deutlich, wie wichtig es ist, morgens zeitig aufzustehen und sein Wort zu lesen. Er hilft mir dabei, rechtzeitig wach zu werden und diesen Plan auch umzusetzen.
Ich weiß nicht, was Gott noch mit mir vorhat. Wenn er es von mir möchte, bin ich wirklich bereit, eine alte Jungfer zu werden – ob als Missionarin oder als etwas anderes. Für mich ist es völlig klar geworden, dass das einzige Leben, das sich lohnt, gelebt zu werden, eines ist, in dem man sich bedingungslos dem Willen Gottes ausliefert, nach seiner Richtschnur lebt und seiner Liebe und Führung vertraut.«

Ein Jahr später – sie sah sich immer noch den Herausforderungen des Hochschullebens ausgesetzt – konnte sie bezüglich dieses wichtigen Themas noch Folgendes hinzufügen:

»Wenn man danach trachtet, siegreich und glücklich in Christus sein Leben zu gestalten, so ist das in keiner Weise nur etwas Theoretisches oder etwa mit Enttäuschungen verbunden, vorausgesetzt, man lässt seine eigenen Versuche bleiben und vertraut auf Christus und lässt ihn regieren. Es hat mich gestern sehr beeindruckt, als ich las, wie Gott bei der Priesterweihe Aarons und seiner Söhne buchstäblich ihre Hände eine ganze Woche füllte (3Mo 8,33; Luther 1984). Wenn wir uns Gott weihen, meinen wir, ein großes Opfer gebracht zu haben, dabei haben wir nur wertlose Kleinigkeiten losgelassen, die wir meinten, festhalten zu müssen. Und wenn unsere Hände leer sind, füllt er sie mit seinen Schätzen.«

Bei der besagten Keswick-Konferenz übernahm Betty diese herrliche Gewissheit als ihr Lebensmotto: »Das Leben ist für mich

Christus und das Sterben Gewinn.« Und auf dieser Keswick-Konferenz begann sie auch zu beten, dass – sollte es der Wille Gottes sein – nichts sie davon abhalten möge, als Missionarin nach China zurückkehren zu können.

Mit dieser Hoffnung vor Augen beschloss Betty, nach dem College nach Chicago zu gehen, um sich dort am *Moody Bible Institute* weiter praktisch ausbilden zu lassen. Ihre Schwester schreibt dazu:

> »Für *Moody* entschied sie sich, weil sie lernen wollte, wie man Seelen für Christus gewinnt, anstatt nur theoretisch darüber zu reden und nur abstrakt über die Bibel zu diskutieren. Der Kurs am *Institute* gab ihr große geistliche Festigkeit, und die Straßenversammlungen und Gefängniseinsätze, die ihr empfindsames Gemüt so gefürchtet hatte, stellten sich als eine Hilfe für sie heraus und bereiteten ihr große Freude.«

Sie war jetzt in das Leben einer großen Institution mit einem vollen Stundenplan und der damit verbundenen Arbeitslast hineingeworfen, was ihrem erst kürzlich vollzogenen Akt des Glaubens neuen Inhalt schenkte. Sollte »Das Leben ist für mich Christus« auch im täglichen Trubel von Chicago praktisch möglich sein? In diesen Zeilen, die sie kurz nach ihrem Anfang an der Bibelschule niederschrieb, kommt zum Ausdruck, wie es für sie eine ganz natürliche Sache geworden war, Gott zu suchen:

> O Jesus Christ, Thou Son of God and Son of man,
> Thy love no angel understands, nor mortal can!
>
> Thy strength of soul, Thy radiant purity,
> Thine understanding heart of sympathy,
> The vigor of Thy mind, Thy poetry,
> Thy heavenly wisdom, Thy simplicity,
> Such sweetness and such power in harmony!

Thy perfect oneness with Thy God above;
The agony endured to show Thy love!
Thou who didst rise triumphantly to prove
Thou art the Living God, before whom death
And hell itself must shake and move!

Thou Son of God –
Grant me Thy face to see,
Thy voice to hear, Thy glory to share;
Never apart from Thee,
Ever Thine own to be,
Throughout eternity.

O Jesus Christus, du Sohn Gottes und Sohn des Menschen,
kein Engel versteht deine Liebe, noch kann es ein Sterblicher tun.

Wie stark dein Herz ist, wie deine Reinheit strahlt,
wie du verstehst und herzlich Mitleid übst!
Ja, deine Geisteskraft und deine Poesie,
deines Himmels Weisheit, deine Einfachheit,
solche Lieblichkeit vereint mit Macht!

Vollkommen eins mit deinem Gott, der droben;
dein Todeskampf, den du aus Liebe nur erlitten!
Triumphierend bist du auferstanden und hast bewiesen,
dass du der Gott des Lebens bist, vor dem der Tod
und auch die Hölle selbst sich fürchten und erbeben.

Du Gottessohn –
lass mich dein Antlitz sehen
und deine Stimme hören, deine Herrlichkeit teilen;
lass nie mich von dir weichen,
lass immer dein mich bleiben,
in alle Ewigkeit.

Bei einem solchen Seelenleben ist es interessant zu sehen, welchen Eindruck dieses Mädchen bei manchen anderen unter den Hunderten ihrer Mitstudenten hinterließ. Ihre besten Freunde gingen nach China und standen wegen der Entfernung für unsere Aufzeichnungen nicht zur Verfügung. Aber von denen, die sie weniger gut kannten, liegen uns folgende Worte vor:

> »Betty war ruhig und nie überschwänglich, sanft und doch direkt, und was ihre Intelligenz und Bildung angeht, lag sie über dem Durchschnitt. Sie war nie in Eile und ließ sich durch nichts aus der Ruhe bringen. Ihre Kleidung entsprach zwar immer dem jeweiligen Anlass, war aber in keiner Weise auffällig. Im Unterricht trug sie gewöhnlich flache Schnürschuhe, einen dunkelblauen sportlichen Rock und einen schlichten, in dunklen Farben gehaltenen Pullover. Sie trug weder Blumen noch Schmuck oder irgendwelchen modischen Schnickschnack. Ihr dunkles, glattes Haar war auf der Seite gescheitelt und in einem im Nacken sitzenden Knoten zusammengehalten. Ich fand immer, dass ihr das mit ihrem liebevollen und eher runden Gesicht sehr gut stand. Ihre Stimme und ihr Ausdruck waren zart, angenehm und freundlich. Sie war gut gebaut und hatte eine gute Körperbeherrschung. Sie hatte sich offensichtlich für das einfache Leben entschieden, mit hehren Idealen und einem klaren Ziel vor Augen.«

> »Betty war eine der herausragenden jungen Frauen bei *Moody*.
> Ich habe immer den Eifer und die Anmut in ihrem Leben bewundert. … Betty hatte dieses untrügliche Vertrauen auf Gott und einen christusähnlichen Geist, der immer denen zu Hilfe kam, die sie kennenlernen durften. Ihre Meinung bildete sie sich offensichtlich erst dann, wenn sie gründlich nachgedacht und konkret gebetet hatte.«

Was Betty Scott im Lauf der Zeit am meisten kennzeichnete, waren die Tiefe und Ernsthaftigkeit ihres Gebetslebens, besonders in Bezug auf andere Menschen. Sie lernte, dass es besser ist, zu beten, als zu kritisieren, besser, zu unterstützen[4], als sich bei den Unzulänglichkeiten aufzuhalten. Daran wird Wachstum in geistlichen Dingen gemessen! Ihr »Sonett über das Gebet« zeigt etwas von ihrer Entwicklung. Es gründet sich auf Jeremia 31,12: »Ihre Seele wird sein wie ein bewässerter Garten.«

I passed a thorny desert soul one day
A soul as fruitless as a painted mast –
So harsh and dry I stood aghast,
And would have helped, but had no time to stay.
Yet, half in doubtfulness, began to pray
To Him the Source of living streams. At last,
Returning, I beheld a velvet-grassed,
Abundant garden; saw a rainbow spray
Of fountains, shimm'ring high against the trees;
Saw old-time flowers, pansies and sweet peas
Pink-hearted phloxes, heliotrope, heartease.
Clustering roses hung from arches there;
The scent of hidden orchards filled the air,
And there were children's voices everywhere.

Einst sah ich eine Dornenwüste von Seele,
so ohne Frucht wie eine bunt bemalte Fahnenstange,
so rau und hart und trocken, dass ich entgeistert stand.
Ich hätte gern geholfen, doch fehlte mir die Zeit.
so richtete ich mein Gebet, noch halb im Zweifel,
zu dem, der aller Lebensströme Quelle ist.
Zurückgekehrt entdeckte ich einen samtgrünen Garten
voller Überfluss. Der Brunnen sprühte Regenbögen,
die glänzend hoch sich in die Bäume zogen.

4 Siehe Epheser 4,16 (Luther 1984).

Sah altbekannte Blumen, Stiefmütterchen und Wicken,
Phlox mit rosa Herz, Viola tricolor und Sonnenwenden.
Von den Bogengängen Rosenbüschel hingen;
der Duft verborgner Apfelgärten lag in der Luft.
Und Kinderstimmen waren überall.

Selbst von Bettys Freundinnen wussten nur wenige, wie herzerforschend einige ihrer Erlebnisse während dieser Jahre in Chicago waren. Die Ruhe, die sie nach außen zeigte, ließ kaum darauf schließen, dass Gott sein tiefschürfendes Werk in ihrem Inneren tat. »Es war einem so«, schrieb ihr Vater, »als ob sie in ihrem ruhigen und beschützten Leben eine Art Vorwissen der schrecklichen Dinge hatte, die sie einmal für die Sache des Herrn erleben und seinetwegen erdulden würde. Noch befand sich ihr treu ergebenes Herz in der Ausbildung, bis die schlimme Prüfung kommen würde.«

Ihre geistliche Übung lag zum Teil darin begründet, dass sie, was ihr zukünftiges Arbeitsfeld anging, noch keine Gewissheit hatte. Ihr Herz zog sie nach China, aber sie befürchtete, es könnte auch die Liebe zu ihren Eltern und zu China sein, die sie beeinflusste. Zu dieser Zeit stand auch Afrika vor ihren Augen und dort ganz besonders die große Not der Leprakranken, um die sich kaum jemand zu kümmern schien. Ob sie bereit wäre, alles aufzugeben, was China ihr bedeutete, um ihr Leben einer so christusähnlichen und mit so vielen Schmerzen verbundenen Aufgabe zu widmen? In ihrer direkten Art wollte Betty eine baldige Antwort auf diese Frage haben. Sie stellte sich der Herausforderung ganz und gar, und wenn es auch ihrem Sinn für das Liebenswerte und Schöne den Todesstoß versetzen würde – so war sie jetzt dazu befähigt, sich sogar dafür zu opfern, wenn es der Wille Gottes sein sollte. »Mein Zeugnis« ist der Titel dieser sehr aufschlussreichen Zeilen:

My testimony

And shall I fear
That there is anything that men hold dear
Thou wouldst deprive me of,
And nothing give in place?

That is not so –
For I can see Your face
And hear Thee now:

»My child, I died for thee.
And if the gift of love and life
You took from Me,
Shall I one precious thing withhold –
One beautiful and bright
One pure and precious thing withhold?
My child, it cannot be.«

Mein Zeugnis

Sollte ich Angst davor haben,
dass du mir etwas nehmen könntest,
was für den Menschen wertvoll ist,
ohne mir etwas an dessen Stelle zu geben?

Das ist nicht so!
Denn ich sehe dein Angesicht
und höre dich zu mir sagen:

»Mein Kind, ich starb für dich.
Und wenn du die Gabe der Liebe und des Lebens
von mir empfangen hast,
sollte ich dir irgendetwas Wertvolles vorenthalten,
je etwas Schönes und Helles,
je etwas Reines und Kostbares dir vorenthalten?
Mein Kind, das kann nicht sein.«

Bevor diese aufrichtige und begierige Seele in ihrer ernsthaften Nachfolge Gottes befriedigt war, mussten noch schwerere Prüfungen bestanden werden. Hingabe bedeutete für sie jetzt noch mehr als damals vor fünf Jahren in Keswick. Während ihres zweiten Jahres bei *Moody* erhielt ihr Vater die folgenden Zeilen:

»Dieses Gedicht«, schrieb sie, »ist Ausdruck meines Seelenkummers und meines verzagten Herzens, bevor ich alles – auch meine geheimsten Beweggründe, soweit ich es sehen kann – Gottes Herrschaft unterstellte. Die vierte Strophe drückt aus, wie er mein unwürdiges Ich angenommen hat; die letzte Strophe spricht von der Freude, der Zufriedenheit und dem Frieden, den mir Christus, der Heiland, gegeben hat, weil er mir zugesichert hat, dass er mich führen wird, jetzt wo er der Herr meines Lebens ist.«

Stand still and see

I'm standing, Lord:
There is a mist, that blinds my sight.
Steep, jagged rocks, front, left and right,
Lower, dim, gigantic, in the night.
Where is the way?

I'm standing, Lord:
The black rock hems me in behind,
Above my head a moaning wind
Chills and oppresses heart and mind
I am afraid!

I'm standing, Lord:
The rock is hard beneath my feet;
I nearly slipped, Lord, on the sleet.
So weary, Lord! And where a seat?
Still must I stand?

He answered me, and on His face
A look ineffable of grace,
Of perfect, understanding love,
Which all my murmuring did remove.

I'm standing, Lord:
Since Thou hast spoken, Lord, I see
Thou hast beset – these rocks are Thee!
And since Thy love encloses me,
I stand and sing.

Stehet und sehet

Ich stehe, Herr:
Ein Nebel ist's, der meine Sicht verhüllt.
Felsenklüfte – vor mir und auf beiden Seiten tief –
bedrohen finster mich, aufragend in der Nacht.
Wo ist der Weg?

Ich stehe, Herr:
Der schwarze Fels umschließt von hinten mich.
Der Wind hoch über meinem Haupt, er stöhnt,
macht kalt und legt sich schwer mir auf das Herz.
Ich habe Angst!

Ich stehe, Herr:
Der Fels zu meinen Füßen, er ist hart;
Fast fiel ich hin, Herr, auf dem Eis.
Ich bin so müde, Herr! Wo kann ich sitzen?
Muss immer ich noch stehen?

Er hat geredet, und seine Blicke gelten mir,
unsäglich mild, die Augen voller Gnade,
voll Liebe, die vollkommen ist und mich versteht,
die auch hinweggetan mein ganzes Klagen.

Ich stehe, Herr:
Seit du zu mir gesprochen, Herr, darf sehen ich,
dass du mich heimgesucht. Die Felsen, das bist du!
Weil deine Liebe mich umgibt,
so stehe ich und singe.

Musste sie diese Erfahrung jetzt machen, damit der damit verbundene und alles übersteigende Trost in jener anderen Nacht neu über sie kommen sollte? War schon jetzt ein Schatten auf ihren Weg gefallen?

Eine Entdeckung

Betty war schon ein Jahr am *Moody Bible Institute* gewesen, als John im Kreis der Studenten auftauchte. Seine große Gestalt musste einfach auffallen – und Betty nahm sie zur Kenntnis! Er entdeckte an ihrem ruhigen und zurückhaltenden Wesen etwas, das er noch nie gesehen hatte, das ihn aber auf sonderbare Weise anzog. Wie findet man versteckte Veilchen im Frühlingswald?

Das wöchentliche Gebetstreffen der *China-Inland-Mission* trug mit dazu bei, dass ihre Freundschaft tiefer wurde. Es fand montagabends im Haus von Isaac Page und seiner Frau, den Vertretern der Mission im Mittleren Westen der USA, statt. Da sie selbst hingegebene Missionare aus Begeisterung waren, hatten die beiden den Studenten und anderen an China Interessierten viel zu geben. Betty gehörte zu den regelmäßigen Besuchern, weil zu dieser Zeit der Ruf nach China für sie schon unverkennbar war, und bald fand sich auch John unter den Anwesenden. Nach den Gebetstreffen hatten sie manchmal noch eine Stunde der Gemeinschaft miteinander. Dann wurden Erfrischungen serviert, und Mr. Page stellte schon einmal das eine oder andere seiner Lieblingsbücher vor. Sehr gerne las er aus Samuel Rutherfords *Letters* vor, die John damals schon viel bedeuteten. »Betty Scotts Blick«, erinnert Mr. Page sich, »werde ich nie vergessen, wenn ich diese wunderbaren Zeilen über das Land Immanuels vorlas.«

In dem bewegten Leben am *Institute* begegneten sich die beiden jungen Leute nur als Mitstudenten, und sie waren in ihrem Verhalten so natürlich, dass niemand etwas von ihrem besonderen Interesse aneinander vermuten konnte. Johns Zeit war neben seinem Studium mit praktischer Arbeit ausgefüllt, besonders seitdem er es auf sich genommen hatte, sich um eine Gemeinde auf dem Land zu kümmern, die ohne Pastor war. Ein- bis zweimal im Monat legte er die über 300 Kilometer von Chicago bis dorthin zurück. Eine recht große Entfernung, könnte man sagen, nur um den geistlichen Hunger dieser kleinen Gruppe zu stillen. Aber wie viel es ihnen wirklich bedeutete, kann man vielleicht an ihrem liebevollen Zeugnis ablesen:

> »Wir werden nie vergessen, wie er das erste Mal bei uns auf der Kanzel stand. Und wie erfreut waren wir über seine ernste Botschaft an uns! Sein freundliches und höfliches Wesen, sein Eifer und seine ständig neue Begeisterung sowie seine hilfreichen Predigten gewannen unsere Herzen. Um an unseren kleinen Ort Elida, Ohio, zu kommen, musste er rund 300 Kilometer zurücklegen. Er bekam nur wenig Geld dafür, aber sein Interesse an und seine Liebe für uns waren größer als alle Schwierigkeiten. Er blieb uns treu als Pastor erhalten bis zu seinem Abschluss am *Bible Institute*.«

Die Gemeinde hatte ein kleines Gebäude draußen auf dem Land. Die Bevölkerung bestand hauptsächlich aus Bauern. An den Wochenenden wurde John mit aller Gastfreundlichkeit bewirtet, die sich die Gemeindeglieder nur leisten konnten. Für ihn war es sehr erfrischend, wenn er – und das empfand er sogar im Winter so – die Stadt hinter sich lassen konnte, und seine Freunde aus Elida erinnern sich an die Freude, die er am Himmel und an den Sternen hatte, von denen man im grellen Licht von Chicago leider nichts sehen konnte. Zwar blieb der Dienst nicht ohne Schwierigkeiten und Enttäuschungen, aber er sah ihn als einen Test an: Würde er überhaupt je etwas für den Herrn tun können? Wie sehr er seine eigene Unzulänglichkeit empfand, wird in den Briefen aus dieser Zeit deutlich, ebenso aber auch sein größer werdendes Vertrauen auf Gott:

> »Warum sollten wir keine Frucht bringen, wenn die Zeit dafür reif ist, und warum sollte von uns nicht dasselbe gesagt werden wie von dem Mann im ersten Psalm: ›Alles was er tut, gelingt ihm‹? Ist es zu viel, wenn wir von unse-

rem Gott erwarten, dass er ›über alles hinaus zu tun vermag, über die Maßen mehr‹? Können wir seine Allmacht zu sehr beanspruchen, oder können wir seine unendliche Liebe erschöpfen? Herr, vermehre unseren Glauben!«

Ob sich die Glieder der kleinen Gemeinde dessen bewusst waren, mit wie viel Herzensmühen dieser Dienst unter ihnen ausgeübt wurde? Dass man ihn dort schätzte, vielleicht mehr als er selbst wusste, geht aus ihren Erinnerungen deutlich hervor:

»Er predigte mehr als eineinhalb Jahre lang für uns. Wir waren beeindruckt von seiner großen Ernsthaftigkeit. Auch verschwendete er keine Zeit. Er erinnerte uns an die Worte von Jonathan Edwards: ›Ich bin fest entschlossen, während ich lebe, mit all meiner Kraft zu leben.‹
Wenn John Stam auf der Kanzel stand, war er immer ehrfurchtsvoll. Nie wurden wir durch seine Predigten enttäuscht. Nicht ein einziges Mal ließ er in seinen gewissenhaften und unter viel Gebet erfolgten Vorbereitungen nach. Seine Predigten waren schriftgemäß, anregend, präzise und nie langweilig. Er hatte es sich zur Regel gemacht, zu jenen Leuten hinzugehen, die nicht zu den Gottesdiensten kamen. Das war oft mit langen Fußmärschen verbunden, aber er wollte ihnen allen dienen: den Christen und den Ungläubigen.
John war ein sehr feiner junger Mann. Er liebte die Bibel, und er liebte es, wenn er über Jesus reden konnte. Er kam sehr gerne aufs Land, um ›Gottes Hände Werk‹ in der Natur zu besehen. Er liebte Kinder, erzählte ihnen manche biblische Geschichte und lehrte sie viele Lieder. Und wie gerne sang er selbst zum Lob Gottes!«

Dieses Singen hinterließ in Elida einen tiefen Eindruck, denn John hatte eine gute Tenorstimme, und manchmal brachte er noch weitere Studenten für besondere Gottesdienste mit. Ein paar Mal bildeten sie ein Quartett, sodass die Leute in Elida sie »Die glücklichen Vier« nannten.

»Und wenn sie unterwegs waren, konnte man sie auch immer glücklich singen hören. Ihr herrlicher Gesang und ihre schönen Ansprachen machten uns aufs Äußerste deutlich, dass sie um die Kraft des Evangeliums Christi wussten.

John war mehr als nur unser Pastor. Er hat nicht nur gepredigt und uns belehrt, er war auch unser guter und enger Freund. Er besuchte die meisten, wenn nicht sogar alle, in ihren Häusern. Wo immer er sich aufhielt, war er gern zu einem Scherz aufgelegt, konnte lustig sein und Spaß machen, besonders mit jungen Leuten und Kindern. Und die liebten ihn innig. Ich sehe ihn noch vor mir, als er kam, um unsere kleinen Enkeltöchter zu besuchen, die damals gerade einmal drei Monate alt waren. Er stand dort einige Zeit und sah in die Körbchen, in denen sie lagen.

›Was für süße Dinger! Und keiner weiß, was ihnen im Leben noch bevorsteht.‹

Er hatte einfach ein zartes und verständnisvolles Herz.

Das Beste aber war, dass er uns das Wort Gottes lebendig machte. Jeden Sonntag vor der Predigt hatten wir eine Viertelstunde, in der wir Bibelverse auswendig aufsagten. Zu seinen ganz besonderen Versen gehörten: ›Bewährten Sinn bewahrst du in Frieden, in Frieden, weil er auf dich vertraut‹[5], und: ›Der Herr ist mein Helfer, ich will mich nicht fürchten. Was soll mir ein Mensch tun?‹[6]

Ein Thema, bei dem er gern verweilte, war Treue – sowohl die Treue im Leben als Christ als auch Gottes eigene Treue uns gegenüber. Und wie er ›Bleibend ist Deine Treu‹ singen konnte! Es war einfach ein Vorrecht, ihn zu kennen, ihn Gott loben zu hören und in seiner Nähe zu sein. Sein Leben war voll der Verheißungen Gottes, und wir waren stolz, dass wir ihn zum Freund hatten!«

---

5 Jesaja 26,3.

6 Hebräer 13,6.

Außerdem erinnern sich die Menschen aus Elida gern daran, dass John ihnen immer wieder die folgende Zusicherung vor Augen stellte: »Mein Gott aber wird alles, wessen ihr bedürft, erfüllen nach seinem Reichtum in Herrlichkeit in Christus Jesus.«[7] Ein Brief aus dieser Zeit macht deutlich, dass er selbst immer noch dabei war, die Wahrheit dieser Aussage durch eigene Erfahrung zu testen. Er machte sich Gedanken darüber, dass er in den Andeutungen seines Vaters bezüglich der finanziellen Situation der *Star of Hope Mission* einen Anflug von Besorgnis festzustellen meinte. Die Arbeit wurde durch freiwillige Zuwendungen getragen (es wurden also keine Sammlungen durchgeführt), sodass das Werk allein von Gott (durch sein Volk) abhängig war. Johns Interesse an den Angelegenheiten in seinem Heimatland war so lebhaft wie zuvor, und im Frühjahr nach seinem ersten Besuch in Elida (Januar 1931) schrieb er mit großer Zurückhaltung an seinen Vater:

> »Wenn die Mission (gemeint ist *Star of Hope*; Anmerkung des Übersetzers) nicht die Bedeutung hätte, die sie tatsächlich hat, würde ich dir in dieser Sache gar nicht schreiben. Aber ich möchte Gott alle Ehre dafür geben, wie er mich während des letzten Jahres geführt hat. Als mir vor rund zwölf Monaten das Geld ausging, das ich mit ans *Institute* genommen hatte, sagte ich dem Herrn, ich müsse ihn als Hörer des Gebets schon hier in der Heimat kennenlernen, sollte ich nach China gehen. Und der Herr hat sich mir in wunderbarer Weise als der Jahwe-Jireh[8] (der HERR sieht) erzeigt – hier in Chicago. Irgendwann, vielleicht bevor ich nach China abreise, werde ich dir einmal einige dieser Erlebnisse erzählen. Wenn ich es noch nicht gewusst hätte, dass Gott heute genauso wie zu früheren Zeiten wirkt, dann weiß ich es jetzt. Darf ich ein paar der Lektionen nennen, die ich lernen musste?

7 Philipper 4,19.
8 1. Mose 22,14.

Erstens: Es ist alles aus Gnade! Es ist nicht so, dass Gott uns mit dem belohnen würde, was wir brauchen, weil wir treu gewesen wären. Wenn es sehr hoch kommt, sind wir nur unnütze Knechte gewesen.

Zweitens: Es ist zwecklos, wenn wir niederknien und beten, ohne selbst zuvor das Wort erforscht zu haben und ohne es dem Wort zu erlauben, dass es uns erforscht (Ps 139,23.24). Dazu gehören auch die Gedanken, die wir anderen gegenüber hegen, unsere Wünsche und Beweggründe. Einmal habe ich drei Tage lang auf dringend benötigte Hilfe warten müssen, um diese Lektion zu lernen.

Drittens: Wir dürfen uns nicht auf unseren Glauben, sondern wir müssen uns auf Gottes Treue verlassen. Unser Glaube ist nur die Hand, die wir ausstrecken, um von seiner Treue zu empfangen.

Viertens: Wenn die Antwort nicht kommt, ist vielleicht etwas in mir, das Gott dazu veranlasst – in seiner großen Treue! – abzuwarten. Seine Treue veranlasst ihn, mir in diesem Fall nicht zu antworten. Er kann doch seinen Diener nicht in dessen falschen Haltung bestätigen, indem er seine Gebete erhört!

Fünftens: Unser Glaube muss sich nachvollziehbar gründen auf den offenbarten Willen Gottes. Ich kann vertrauensvoll beten, nicht weil ich die tiefe Überzeugung habe, dass ich etwas brauche, sondern weil ich sehe, dass es sein Wille ist.

Sechstens: Ich darf nicht glauben, dass der Herr mir genau so antwortet, wie ich es ihm vorschlage oder wie ich es am besten finde. Mittel und Wege und alles andere müssen unter dem Willen Gottes stehen. Wir sehen auf die sonst üblichen und überhaupt möglichen Quellen, und dabei vergessen wir, dass unsere wahre Quelle der Herr selbst ist und dass er jeden Menschen an jedem Ort so frei gebrauchen kann, wie es ihm gefällt.

Wie dankbar bin ich für das vergangene Jahr! Ich hätte es nicht gegen die Annehmlichkeit eines immer ausgeglichenen Bankkontos eintauschen wollen. Wie sonst hätte ich es je lernen sollen, auf den Herrn zu vertrauen, auch in den kleinen Dingen, wenn alles immer nur glatt verlaufen wäre? Wie hätte er mich sonst erproben können, wenn ich nicht in jeder Hinsicht von ihm abhängig gewesen wäre? Natürlich weiß er, was wir brauchen! Wir können in aller Ruhe seinen gesegneten Frieden erfahren und brauchen uns auf nichts anderes zu verlassen als auf seine Verheißungen. … Die Bibel ist mir im letzten Jahr wieder ein ganz neues Buch geworden.

Was für ein Segen ist mir diese Verheißung: »Trachtet aber zuerst nach dem Reich Gottes und nach seiner Gerechtigkeit! Und dies alles wird euch hinzugefügt werden« (Mt 6,33)! Das ist ein Geschäftsvertrag mit zwei Parteien – Gott und wir. Wie armselig wäre unser Leben, wenn es nur um unsere Bedürfnisse ginge oder um die Leute, die normalerweise das Geld schicken. Kann der lebendige Gott sein eigenes Werk vergessen? Denn es ist ja nicht unser Werk, sondern seines. Sein Interesse daran ist tausendfach größer als unser eigenes. Solange wir in seinem Willen leben, kann er uns nicht vergessen. Könnte unsere Mutter ihre Söhne vergessen? Ihr beide könnt es ja versuchen – aber ihr könnt uns nicht vergessen. …

Lieber Papa, was für ein Segen ist es für uns, dass es Gott der Mühe für wert hält, uns zu erproben. Handwerker wenden nur Zeit und Mühe für Materialien auf, aus denen sie etwas machen können. Gott wird das vervollkommnen, was uns betrifft. Hallelujah!«

Ein paar Tage vorher hatte John einem seiner Brüder geschrieben:

»Du kannst mir alles nehmen, was ich habe, aber nimm mir nie den wunderbaren Genuss, mit dem König der

> Herrlichkeit zu reden und zu leben. Es ist gut, wenn wir unsere Gedanken manchmal schweifen lassen beim Betrachten der Größe unseres Gottes und seiner wunderbaren Freundlichkeit zu uns. Wenn wir zurücksehen – was für eine Ermutigung ist das für die Zukunft, und wie herrlich hat er uns geleitet und alles gefügt! O preise den Herrn, meine Seele!«

Aber es gibt immer wieder neue Erprobungen, denen man ausgesetzt ist, und neue Gelegenheiten, um Gott zu prüfen. Und eine solche Zeit war jetzt für John Stam gekommen. Der Ruf nach China wurde immer dringlicher.

> »Dort sinken jeden Monat eine Million Menschen in ein christusloses Grab. Gott kann uns gebrauchen, wenn wir nur leere und zerbrochene Gefäße in seiner Hand sind. Es ist viel wichtiger, dass unser Herz und unser Geist vorbereitet werden als unser Verstand. Bete bitte, dass mir das geschenkt wird.«

Es gab noch eine weitere Frage, die ihn sehr beschäftigte, denn es war eine große Liebe in sein Leben getreten. In den Jahren zu Hause hatte er niemals eine Freundin den anderen vorgezogen. Im Herzen und in seinen Beziehungen nach außen war er völlig ungebunden geblieben. Er wollte nicht nur unverheiratet nach China gehen, sondern auch mindestens fünf weitere Jahre ledig bleiben, weil er die Hoffnung hatte, er könnte eine evangelistische Pionierarbeit beginnen. An der *China-Inland-Mission* gefiel ihm, dass sie nach vorn ausgerichtet war, und er war zum Opfer bereit für die Bergstämme im Westen oder für die Muslime in Xinjiang. Aber jetzt befand er sich in einer ganz neuen Lage. Was bedeutete diese große Liebe? Sollte es das krönende Geschenk sein, das Gott für sein Leben bereithielt?

Und Betty in ihrer reinen und liebevollen Art verbarg nicht vor ihm, dass seine Liebe auch erwidert werden könnte. Mit dieser Möglichkeit vor Augen hatte sie Jahre zuvor – sie war erst achtzehn Jahre alt – folgende Zeilen dazu aufgeschrieben:

My Ideal

I'll recognize my true love
When first his face I see;
For he will strong, and healthy,
And broad of shoulders be:
His movements will be agile,
Quick, and full of grace;
The eyes of Galahad[9] will smile
Out of his friendly face.

His features won't be Grecian,
Nor yet will they be rough;
His fingers will be flexible,
Long, and strong, and tough:
Oh, he'll be tall, and active
As any Indian,
With rounded muscles rippling out
Beneath his healthy tan.

His interest is boundless
In every fellow man;
He'll gladly be a champion
As often as he can:
Oh, he'll be democratic,
And maybe shock the prude;
He will not fawn before the great,
Nor to the low be rude.

He'll be a splendid »mixer«,
For he has sympathy;
Perhaps his most pronounced trait
Is versatility;
If Providence should drop him

9 Einer der wichtigsten Ritter der Tafelrunde in der Artussage (Anmerkung des Übersetzers).

In any foreign town,
He'd somehow speak the language
And find his way around.

He'll have a sense of humor,
As kindly as it's keen;
He'll be a mighty tower
On which the weak may lean.
His patience and unselfishness
May readily be seen;
He's very fond of children,
And children worship him.

He will not be a rich man,
He has no earthly hoard;
His money, time, heart, mind and soul
Are given to the Lord.
He'll be a modern Daniel,
A Joshua, a Paul;
He will not hesitate to give
To God his earthly all.

He'll be, he'll be, my hero –
A strong-armed fighting man,
Defender of the Gospel,
A Christian gentleman.
Oh, if he asks a Question,
My answer »Yes« will be!
For I would trust and cherish
Him to eternity.

Mein Ideal

Ich weiß, was meine wahre Liebe ist,
wenn ich zuerst sein Antlitz seh.
Denn er wird stark sein und gesund
und breite Schultern haben:
Geschickt wird er bewegen sich,
behände und doch voller Huld.
Die Augen Galahads, sie lächeln
aus seinem freundlichen Gesicht.

Die klassischen Gesichtszüge wird er nicht haben.
Doch sind sie auch nicht grob.
Gelenkig werden seine Finger sein,
lang, stark und mit viel Sehnenkraft.
Ja, groß ist er, und dem Indianer gleich
ist alles in ihm Energie.
Und unter seiner sonnenbraunen Haut
die Muskeln treten rund und stark hervor.

Grenzenlos ist seine Anteilnahme
an all den Menschen um ihn her.
Gern will er auch der Sieger sein,
so häufig er nur kann.
Und demokratisch ist er auch;
vielleicht schockiert er den, der tugendhaft.
Er wird nicht kriechen vor den Großen
noch grob sich zeigen dem, der klein.

Umgänglich wird er sein,
denn er hegt Sympathie;
Besonders zeichnet ihn vielleicht
die Vielseitigkeit aus.
Wenn Gott ihn stellt
in eine fremde Stadt,
dann kann er sprachlich sich schon helfen
und irgendwie dort zurechtkommen.

Sinn für Humor wird er auch haben,
der freundlich und doch treffend ist.
Er wird ein starker Turm dem sein,
der schwach ist und die Stütze sucht.
Selbstlosigkeit und auch Geduld
wird jeder an ihm sehen.
Auf jeden Fall ist er sehr kinderlieb,
und Kinder schätzen, ehren ihn.

Ein reicher Mann wird er nicht sein
und auf der Erde ohne Schätze;
Sein Geld und Herz, Zeit, Seele und Verstand
sind seinem Herrn geweiht.
Ein neuzeitlicher Daniel wird er sein,
ein Josua und Paulus auch;
er wird nicht zögern, seinem Gott
alles, was ihm die Erde bot, zu übergeben.

Er wird mein Held ganz einfach sein –
ein starker, kämpferischer Mann,
fürs Evangelium wird sein Einsatz sein,
er ist ein Gentleman, ein gläubiger.
Und sollte er einmal die Frage stellen,
gäb's eine Antwort, und die wäre »Ja!«
Ihn würde schätzen ich und ihm vertrau'n
bis hin zur Ewigkeit.

War ihr Mädchentraum jetzt wahr geworden? Wie merkwürdig ihr bildreiches Gedicht auf John Stam zu passen schien! Aber sie fand noch viel mehr an ihm als das, wovon sie damals geträumt hatte. Ihr eigenes Leben hatte mehr Tiefgang bekommen. Ihr Ideal war jetzt eine geistliche Gemeinschaft, ein Einssein der Herzen in den Dingen Gottes. Und auch dieser Wunsch fand seine Befriedigung in ihrer Freundschaft.

Und doch war der Weg nicht so deutlich, wie man vielleicht meinen könnte. Bettys letztes Semester an der Bibelschule war gekommen. Sie würde Chicago verlassen und hatte sich als Mitglied bei der *China-Inland-Mission* beworben. Ihre Annahme vorausgesetzt, würde sie in ein paar Monaten ausreisen. Vor John lag jedoch noch ein weiteres Jahr bei *Moody*. Er war sich noch nicht so sicher, was China anbelangte. Er hoffte, dass er sich auch der *China-Inland-Mission* anschließen könnte, musste aber zuvor noch einen medizinischen Test bestehen und von dem Missionsdirektor und dem Missionsrat angenommen werden. All dies barg eine gewisse Ungewissheit in sich. Er konnte Betty nicht um ein Verlobungsversprechen bitten, wenn sein Weg überhaupt nicht offen war, um ihr nach China folgen zu können. Mehr noch: Selbst wenn sich dies als der Weg des Herrn herausstellen sollte, würde nicht das Leben eines Pioniermissionars viel zu entbehrungsreich sein? Vielleicht würde sein Dienst eine Hochzeit erst in ein paar Jahren erlauben. Wäre es Betty gegenüber recht, sie auf unbestimmte Zeit warten zu lassen?

Hätte er gewusst, wie fest ihr Herz und wie unveränderlich treu sie war, hätte er in dieser Hinsicht nicht gezögert. Andererseits gab es Bedenken, die sowohl Betty als auch ihn betrafen. Ihr Weg war deutlich vorgezeichnet. Gott hatte Betty nach China berufen und den Weg dorthin frei gemacht. Johns Zukunft war noch ungewiss. Sollten gesundheitliche oder anderweitige Gründe ihn in der Heimat festhalten, konnte sie nicht wieder von ihrem Lebenswerk umkehren. Sie hatten es bei anderen gesehen, mit wie viel Schmerzen und Verlust es verbunden ist, wenn man nicht zuerst nach dem Reich Gottes trachtet, weil man die geistlichen Ansprüche herabsetzt und die himmlische Perspektive verliert.

Betty setzte also ihre Vorbereitungen fort und überließ alles still Gott und seiner Hand. Nach ihrer Annahme durch die *China-Inland-Mission* würde sie im Herbst 1931 abreisen. Es war für beide ein Trost, dass Betty auf ihrer Reise quer durchs Land einen Tag bei John in Chicago verbringen konnte. Es ergab sich, dass es gerade ein Montag war, sodass sie noch einmal zusammen das Gebetstreffen im Haus der Pages besuchen konnten.

Sie hatten einen wunderschönen Tag am See miteinander verbracht, hatten stundenlang geredet und gebetet. Ihr Abschied würde für sehr lange sein, vielleicht für einige Jahre. Sie waren nicht verlobt, und es war hart für sie, dass sie so voneinander scheiden mussten. Ihre Herzenshaltung war »Gott zuerst«. Der Treue ihm gegenüber durfte sich nichts in den Weg stellen. Mr. Page erinnert sich:

> »Kurz vor ihrer Abreise nach China besuchte Betty zusammen mit John das Gebetstreffen. Am Schluss wollten sie noch mit mir reden. John versuchte, mir auf ganz charmante Weise zu erzählen, was er in Bezug auf Betty in seinem Herzen hatte. Dachte er doch wirklich, wir hätten noch nichts gemerkt! Er sprach für sie beide, als er dann sagte, sie würden die Sache in der Hand des Herrn belassen. Doch irgendwie, so meinten sie, würde er sie zusammenführen.«

Welche Sicherheit bietet es, wenn wir das, was uns mit am liebsten ist, in seinen Händen lassen können! An seinen Vater hatte er geschrieben:

> »Betty weiß, dass es bei all meiner Liebe für sie wirklich nicht recht wäre, sie um die Verlobung zu bitten und sie dann ein paar Jahre warten zu lassen. Und doch können wir zu einer echten Übereinkunft kommen, wenn wir die Belange des Werkes des Herrn immer an die erste Stelle setzen.
> Die *China-Inland-Mission* sucht Männer, alleinstehende Männer, die in Gegenden unterwegs sein sollen, wohin man wohl unmöglich eine Frau mitnehmen kann, bevor sich die Arbeit nicht irgendwie schon etabliert hat. … Vor einiger Zeit habe ich dem Herrn versprochen, dass ich bei entsprechender Eignung gern in dieser Aufbruch-

bewegung mit dabei sein möchte. Deshalb kann ich jetzt nicht ohne einen wirklich triftigen Grund und nur wegen meiner persönlich angestellten Überlegungen davon zurücktreten. Wenn wir nach ein bis zwei Jahren dort draußen sehen, dass das Werk des Herrn durch unsere Heirat gefördert wird, brauchen wir nicht mehr länger zu warten.

So wie ich darüber schreibe, denkst du und auch Mutter jetzt vielleicht, ich würde wie von einer Fuhre Holz sprechen und nicht von etwas, das sehr tief in unseren Herzen verankert ist. Betty und ich haben sehr viel darüber gebetet, und ich bin mir sicher, dass, sollte unser Opfer unnötig sein, der Herr uns nicht eine einzige seiner Segnungen vorenthalten wird. Unsere Herzen sind entschieden, seinen Willen zu tun. … Es ist doch so, dass unsere Wünsche nicht an erster Stelle stehen dürfen, oder? Unser Hauptinteresse gilt dem Fortgang des Werkes des Herrn. Es gibt also Zeiten, in denen wir einfach innehalten und sehr gut überlegen müssen.«

Als der Abschied kurz bevorstand, kam dieser Brief in Paterson an, und Vater Stam rief im tiefen Bewusstsein von dessen wahrer Bedeutung aus: »Diese Kinder werden den reichsten Segen Gottes erfahren!«

Er fügte hinzu: »Wenn Gott an zweiter Stelle steht, bekommen wir auch nur das Zweitbeste; steht er aber an erster Stelle, bekommen wir auch sein Bestes.«

Eine freudige Überraschung

Es waren jetzt schon acht Monate her, seitdem Betty sich auf die Reise nach China begeben hatte. Mittlerweile lebte sie in einer Stadt im Landesinnern. Zur selben Zeit bereitete John sich in Chicago auf den Abschluss seines Studiums vor. Für beide waren es sehr lange Monate gewesen; ist doch Ungewissheit etwas, das sich nur sehr schwer ertragen lässt. John hatte sich bei der *China-Inland-Mission* beworben, musste aber noch die medizinische Prüfung ablegen sowie durch den Direktor und den Missionsrat angenommen werden. Der Weg war für ihn also noch nicht geebnet.

Sein Herz und sein Gewissen empfand eine immer größere Last für die ungläubige Welt und ihre große Not. Seine Mitstudenten hatten ihn zum Redner für die Abschlussfeierlichkeiten ausgewählt, und er bereitete sich intensiv und mit viel Gebet auf die Ansprache vor. Das Motto der Klasse lautete: »Wir tragen einen kostbaren Samen«, und er hatte damit die Worte des Herrn verbunden: »Der Acker aber ist die Welt.« Mit seiner Rede und seinem herausfordernden Aufruf zum praktischen Glauben hinterließ er einen tiefen und lang anhaltenden Eindruck.

> »In der Politik denkt man heutzutage international. Im Geschäftsleben werden alle Kontinente durchforscht, um neue Märkte zu öffnen. Und sogar im Alltag wird dem Zeitungsleser ein Bewusstsein für das vermittelt, was sich in der Welt zuträgt. Aber wir, das Volk Gottes, haben immer noch nicht verstanden, dass wir ein Zeugnis für die Welt sein sollen. … Die Völker der Heiden nehmen täglich zahlenmäßig zu, aber wir erreichen sie nicht. Mit ihrer größer werdenden Zahl gehen aber keine größer werdenden Anstrengungen einher, ihnen das Evangelium zu bringen. Aber die heidnischen Völker wachsen nicht nur

zahlenmäßig, ihr Götzendienst und ihr Aberglaube brechen auch zusammen, weil sich die Grenzen der Zivilisation immer weiter verschieben und der Grad an Bildung zunimmt. Jetzt ist also die Zeit gekommen, die Menschen zu erreichen, die ihre alten Überzeugungen aufgegeben haben – bevor der gottlose Kommunismus, der wie eine Flutwelle über uns hereinbricht, wieder neue Hindernisse aufrichtet. Und diese werden noch schwerer zu überwinden sein. Die Menschen müssen jetzt erreicht werden, bevor diese Generation ins christuslose Grab sinkt.
Auch unsere eigene Zivilisation fordert uns, die wir im Werk Christi stehen, heraus. Dieses Land, das einmal ein so klares christliches Zeugnis hatte, wird zunehmend gottloser. Unsere Schulen wollen uns den Glauben nehmen. Moralische Überzeugungen von früher gehen in Windeseile verloren, und die großen und heiligen Wahrheiten, die wir einmal hochhielten, sind zur Zielscheibe des Spotts geworden und dienen den Zeitungen als Quelle für ihre Witzeseiten.«

Es folgten herzerforschende Worte über den Zustand der Gemeinde und über die fehlende Freude und Kraft im christlichen Zeugnis. »Unsere Schuld ist es, dass wir uns mehr wie die Garnison einer belagerten, aber dem Untergang geweihten Festung verhalten statt wie Soldaten eines immer siegreichen Christus.« Er beleuchtete mit aller Nüchternheit die augenblickliche niederdrückende finanzielle Situation, die sich bei aller Art von christlicher Tätigkeit bemerkbar machte. Dann richtete sich der Suchscheinwerfer des Glaubens noch einmal auf die Gesamtsituation, wie sie sich zu Hause sowie in Übersee darstellte:

»Sollen wir den Rückzuck antreten und uns abwenden von unserer hohen Berufung in Christus Jesus? Oder haben wir den Mut, unter dem Befehl Gottes vorwärtszugehen – auch angesichts des Unmöglichen? … Wir wollen uns ins Gedächtnis rufen, dass es im Missionsauftrag keine einschränkenden Klauseln gibt, nach denen wir nur dann vorwärtsgehen sollen, wenn ausreichend Geld da ist oder wenn wir mit Schwierigkeiten und Selbstverleugnung umgehen können. Im Gegenteil – uns ist gesagt worden, dass wir mit Bedrängnis und sogar Verfolgung rechnen müssen. Aber damit verbunden ist auch der Sieg in Christus.«

Wir dürfen nicht vergessen, dass der Redner kein Missionsveteran war, sondern ein junger Mann, den die Liebe Christi drängte und der bereit war, seinen Eifer auch mit seinem eigenen Blut zu besiegeln. Unsere Herzen sollten sich aufrütteln lassen von dem Rufen der jungen Führer, die Gott uns schenkt – hier und in anderen Ländern. Sie sind die Hoffnung und der Ruhm unserer Zeit, die sich so schnell dem Ende zuneigt.

»Liebe Freunde, wenn wir nur uns selbst und unsere Schwachheit sehen, dann könnte die Aufgabe mit den damit verbundenen Schwierigkeiten unsere Herzen mit Furcht erfüllen. Aber der Nachdruck, mit dem unser Meister uns aufgetragen hat vorwärtszugehen, sollte uns mit Freude und mit der Erwartung füllen, dass wir siegen werden. Er weiß um unsere Schwachheiten und um unsere Bedürfnisse. Und er weiß, wie steinig der Weg ist. Aber sein Befehl trägt auch die Zusicherung in sich, dass er für alles sorgen wird, was wir brauchen.

Natürlich wünschen wir eine Garantie, dass man uns unterstützen wird. Wer will sich schon für ein Unternehmen engagieren, sei es ein weltliches oder ein geistliches, von dem er nicht ziemlich sicher sein kann, dass man es nicht fallen lässt, wenn kein Geld mehr da ist? Die Einkommen sinken, Männer verlieren ihre Arbeit, und Bankkonten werden einfach gelöscht. Wollen wir als Arbeiter Christi sichergehen, dass wir unterstützt werden? Dann sollten wir unser Vertrauen nicht auf Menschen setzen und nicht auf irgendwelche Geldbeschaffungsmaßnah-

men, die nicht zur Ehre Gottes sind. Die sind nicht sicher genug! Wir haben von höchster Stelle die Zusicherung, dass die Verheißung eine Verheißung des Glaubens ist. Die Treue Gottes ist in unserer Welt heute das einzig wirklich Sichere. Wir brauchen keine Angst vor den Folgen zu haben, wenn wir ihm vertrauen. …
Der Weg liegt klar vor uns. Bei keiner Arbeit, von der wir wissen, dass sie nach seinem Willen und zu seiner Ehre getan wird, darf gespart werden. Wir können es nicht wagen umzukehren, nur weil es dunkel aussieht. … Wir müssen angesichts des Unmöglichen vorwärtsgehen, auch wenn wir nur den nächsten Schritt wissen. … Vielleicht sind wir an einem Ort, wo wir das bittere Wasser von Mara trinken sollen; aber die Gegenwart unseres Anführers kann auch das bitterste Wasser süß machen. Vielleicht sind einmal alle Vorräte aufgebraucht, aber er ist immer noch in der Lage, uns unser tägliches Brot zu reichen. Und was, wenn wir wie Allen Gardiner sogar verhungern sollten? Wie bei ihm würden uns die Augenblicke des Leidens durch das Sonnenlicht der Gegenwart Christi vergoldet, und wir hätten nur Lob übrig für die Gnade und Barmherzigkeit, die über uns ausgeschüttet worden ist.
In unserer wirren Zeit müssen die Menschen erfahren, dass ›der feste Grund Gottes steht‹. So mancher wird in diesen Tagen von dem weggezogen, woran früher sein Herz hing. Dann ist es unsere Aufgabe, den unvergänglichen Reichtum zu zeigen, der unabhängig ist von der augenblicklichen Wirtschaftslage oder von einer Bankpleite. Es ist unsere Aufgabe, durch die Errettung, die wir in dem Herrn Jesus Christus haben, und durch unsere persönliche Gemeinschaft mit ihm eine unaussprechliche Freude zu zeigen, die voller Herrlichkeit ist und der äußere Umstände nichts anhaben können. …
Ist es nicht faszinierend, wenn wir in dem Bewusstsein leben, dass wir nicht in eigener Kraft vorwärtsgehen?

> Denkt doch nur einmal darüber nach: Gott selbst ist als unser Anführer bei uns. Der Herr der Heerscharen ist bei allem Kampf persönlich anwesend, um uns Mut zuzusprechen und für uns zu streiten. Wenn wir einen solchen Anführer haben, der noch nie einen Kampf verloren, noch nie einen Soldaten in seiner Not alleingelassen und noch nie beim Nachschub versagt hat, wie können wir dann anders als seine Herausforderung annehmen, vorwärtsgehen und unseren ›kostbaren Samen‹ tragen?«

Die Meinung von Johns Klassenkameraden, von denen einige zur gleichen Zeit auch nach China gehen wollten, soll ausreichen als Kommentar über sein Leben und über den Einfluss, den er am *Bible Institute* hinterließ. Einer seiner Freunde schrieb:

> »Er war eine herausragende Persönlichkeit. Wir haben ihn alle bewundert! Und ich habe eine Zuneigung zu ihm, wie ich sie nur für wenige Menschen verspüre.
>
> Sein Herz brannte für Seelen. Sein persönlicher Dienst war beispielhaft – er war immer mit ganzem Herzen bei der Sache. … Er war in keiner Weise asketisch. Wenn man einen Ausflug mit ihm machte oder beim Picknick zusammensaß, konnte man eine Menge Spaß mit ihm haben. Er war ein umgänglicher Typ wie kaum ein anderer.
>
> Wenn ich an John denke, stehen mir immer sein glückliches Gesicht und Wesen vor Augen, sein fester Händedruck, sein überschwänglicher Lobpreis und seine tiefe und echte Liebe für den Herrn und sein Volk.
>
> Als ich John das letzte Mal traf, war er im Garret Mountain unterwegs, hoch über Paterson, unserer Heimatstadt. Man kann praktisch die ganze Stadt von dort überblicken, außerdem New York, Newark und andere näher gelegene Ortschaften. Aus seinem Schweigen schloss ich, dass er diesen Ausblick nur so in sich hineinsog. Aber seine Gedanken waren ganz woanders. ›Weißt du, Tom‹, sagte er schließlich, ›dass es in China Dutzende solcher großen

> Städte gibt, wohin das Evangelium noch nicht gekommen ist?‹«

Das war es, wodurch das Band zwischen ihm und seinen Lieben gelockert wurde und was ihn sogar fortzog von der *Star of Hope Mission*. Der Abschied war schmerzlich, aber er brachte Segen mit sich – in Paterson und an anderen Orten, wo er vor seiner Abreise noch zu den Menschen reden durfte.

Nachdem er sechs Wochen lang in Philadelphia im Heim der *China-Inland-Mission* gewohnt hatte, wurde John am 1. Juli 1932 zum Dienst angenommen. Wie viel er über alles nachdachte und wie ernst es ihm um die Sache war, zeigt die Tatsache, dass er die Einladung zur Teilnahme an der »Revelation Cruise« in jenem Sommer ausschlug. Diese Reise wurde von einer großen Gruppe von Christen aus seinem Bekanntenkreis durchgeführt und sollte sie zu den Bermuda-Inseln und an andere sehenswerte Orte bringen. Er war jedoch der Meinung, seine Teilnahme an einer solch luxuriösen Kreuzfahrt könne vor dem Hintergrund der Entbehrungen, die manche Missionare durchmachen mussten, leicht missverstanden werden, und deshalb lehnte er die Einladung ab. Stattdessen durchquerte er das Land mit dem Auto und schiffte sich dann dritter Klasse ein auf der »Empress of Japan«, zusammen mit fünf anderen jungen Männern und zwei Missionaren, die auf dem Rückweg waren.

Sie hielten gut zusammen und hatten viel Spaß bei ihren Besuchen auf Honolulu und in Japan, wenn auch die Haltung einiger Mitreisender den Missionaren gegenüber nicht gerade freundlich war. Und doch hinterließ die offensichtliche Fröhlichkeit dieser kleinen Truppe einen tiefen Eindruck bei ihnen.

> »Es war schon interessant, wenn man die jungen Leute beobachtete. Sie spotteten über die Missionare, als sie in Yokohama an Land gingen, aber als sie selbst wieder nach einem Tag voller Sünde aufs Schiff zurückkamen, erzählten sie einer nach dem anderen, wie sehr sie das ganze Treiben leid waren, wie sie Angst vor und um sich selbst

hatten, und dass es ihnen eigentlich ganz mies ergangen war. Noch mehr verwundert waren wir, als einer von ihnen bemerkte, wir Missionare schienen so frei zu sein! Und frei waren wir auch! Wir hatten nicht die Freiheit, uns der Sünde hinzugeben (denn Freude daran hatten diese jungen Leute auch nicht); aber wir waren frei von der Sünde und von dem schlechten Gewissen, das immer dazugehört. Wir waren frei, wirklich Freude miteinander zu haben.«

Aber auf dieser Reise gab es für einen von ihnen auch Stunden der schmerzlichen Anspannung (oder sogar der dunklen Vorahnung?). Der Brief, den John so sehnsüchtig von Betty erwartete, war nicht angekommen. Sobald er für den Dienst in China angenommen worden war, hatte er ihr geschrieben und die Frage gestellt, die so lange nicht gestellt werden konnte. Eigentlich hatte er mit ihrer Antwort gerechnet, bevor er sich auf die Schiffsreise begab. Aber aus China war keine Post gekommen, nicht einmal ein paar freundliche Zeilen. War er sich seiner eigenen Liebe so sicher gewesen, dass er sich zu sehr auf ihre Liebe verlassen hatte? Diese Frage musste er sich immer wieder stellen. Aber er fragte sich auch, ob er wirklich nur den einen Wunsch hatte, nämlich den Willen Gottes zu tun. War er bereit, sich damit abzufinden, Betty ganz aus seinem Leben wegzudenken?

Auf ihrer flussaufwärts gelegenen Station wurde Betty ebenfalls durch Ungewissheit auf die Probe gestellt. Man hatte sie für die Stadt Fuyang im nördlichen Anhui vorgesehen, und sie verlangte sehr danach, unter den Frauen dort zu arbeiten. Mit der Sprache hatte sie ungewöhnlich gute Fortschritte gemacht. Vieles war ihr wieder aus ihrer Kindheit ins Gedächtnis gekommen. Und es war schwer für sie, dass sie Monat für Monat von dem Dienst abgehalten wurde, in dem sie so gebraucht wurde. Aber in diesem Teil der Provinz gab es Unruhen. H.S. Ferguson, der älteste der Missionare, war von kommunistischen Banditen gefangen genommen und in die Berge verschleppt worden. Sein Schicksal war ungewiss[10], und die weiblichen Missionare hatten alle die Gegend verlassen müssen. Wann würden sie wieder zurückkehren können? Und wie erging es den chinesischen Christen während ihrer Abwesenheit?

Dr. Scott und seine Frau waren auf Heimaturlaub gewesen und kehrten im Herbst des Jahres wieder nach China zurück. Sie hatten Betty gebeten, sie in Shanghai zu treffen. Sie begab sich auch dorthin; aber die Ankunft der Scotts verzögerte sich, sodass Betty enttäuscht auf die Station zurückging, die ihr vorübergehendes Zuhause war. Als die Scotts schließlich doch ankamen, ging es Betty gesundheitlich nicht gut. Der Arzt war der Meinung, ihre Mandeln müssten behandelt werden. Durch die von ihm vorgeschlagene Behandlung wurde Betty dann einige Wochen an der Küste festgehalten. Aber diese Zeit brachte eine sehr willkommene Wendung der Ereignisse. Die »Empress of Japan« näherte sich mit großer Fahrt ihrem Ziel China, und an Bord waren John und seine Reisegesellschaft.

Den Rest brauchen wir eigentlich gar nicht zu erzählen. Man kann sich vorstellen, wie viel es für John bedeutete, dass Betty schon in Shanghai war. Die große Freude lässt sich kaum mit Worten ausdrücken. Nichts konnte sie jetzt davon abhalten, sich öffentlich als Verlobte zu zeigen. Nicht sie hatten es bewerkstelligt, und sie hatten selbst nie daran geglaubt, dass es sich so ergeben würde. Auf der Missionszentrale schienen alle an ihrem Glück teilzunehmen!

Eine Woche später war John flussaufwärts auf dem Jangtse unterwegs – Betty befand sich schon in Begleitung zurückkehrender Missionare auf dem Weg nach Fuyang – und schrieb von dort einen Brief nach Paterson, seiner Heimatstadt.

---

10 Henry S. Ferguson aus Chengyangkwan wurde nach siebenunddreißig Jahren hingegebenen Dienstes am 12. Mai 1932 von Banditen gekidnappt. Man vermutet, dass er von seinen Entführern getötet wurde. Einzelheiten dazu sind jedoch nie ans Licht gekommen.

»Ich kann einfach nicht aufhören, den Herrn zu preisen und über seine Güte zu staunen, mit der er Betty nach Shanghai brachte und sie dort so lange aufhielt, bis ich auch kam. Einer der Jungen aus Australien fragte mich, wie wir das ›hinbekommen‹ hatten. Aber festzustellen, dass nicht wir etwas ›hinbekommen‹ hatten, war ein großer Segen. Was uns betrifft, so hatten wir es nicht geplant und es auch nicht für möglich gehalten. …
Alle in der Mission waren sehr freundlich und mitfühlend. Sie hätten ja auch ihre Zweifel bekommen können bei einem neuen Mann, der zu ihnen stößt und sich erst einmal verlobt. Wiederholt war die Rede von der Fügung, dass Betty gerade zur rechten Zeit dort war. Mr. Lewis war sogar der Meinung, ich solle die Arztrechnung bezahlen, da ich es ja war, der von dieser Behandlung am meisten profitierte! Und dann sagte Mr. Gibb, der Vorsitzende der Mission, er sehe keinen Grund, warum wir nicht sofort heiraten könnten, wenn mein Jahr um ist. Betet doch bitte, dass der Herr auch das nach seinem Willen lenkt.
Weißt du, Tom [fügte er noch für einen besonderen Freund hinzu], ich erschaudere bei dem Gedanken, wie viel Segen mir verlorengegangen wäre, hätte ich mich nicht auf den Weg nach China gemacht. Seitdem ich die Reise für die *China-Inland-Mission* in Philadelphia antrat, bin ich auf meinem ganzen Weg von Segnungen überschüttet worden. Sogar während der Tage auf dem Dampfer, als meine Gedanken voller Ungewissheit darüber waren, wie es wohl mit Betty gehen würde, hat der Herr meinem Herzen so viel Segen geschenkt! …
Für mich ist es ein wunderbares Beispiel dafür, wie er großzügig ›dies alles hinzufügt‹, wenn wir zuerst das Reich Gottes suchen, selbst wenn unsere Bemühungen manchmal unbeholfen sind.«

Treu im Kleinen

Als John und Betty in Shanghai voneinanderschieden, sollten sie sich erst ein Jahr später am Vorabend ihrer Hochzeit wiedersehen. John fuhr mit dem Dampfschiff den Jangtse hinauf bis nach Anqing, wo er zu zwanzig bis dreißig anderen jungen Männern der Missionssprachschule stieß. Betty reiste ebenfalls in der großen Provinz Anhui nordwärts in Begleitung von Mr. und Mrs. Glittenberg, die erst vor Kurzem in die Arbeit in Fuyang berufen worden waren. Die Reise erfolgte zunächst mit dem Zug, dann mit dem Bus und dauerte insgesamt mehrere Tage. Aber schließlich wurden sie herzlich von Mr. und Mrs. Hamilton empfangen, welche die einzigen Ausländer in dieser Stadt waren. Es waren Bettys erste Erfahrungen einer abseits und im Inneren des Landes gelegenen Missionsstation.

> »John ist im Südosten von Anhui und ich im Nordwesten. Zwischen uns liegt der große Jangtse, und es gibt auffällige Unterschiede zwischen dem Norden und dem Süden. Zum Beispiel isst man dort Reis, hier aber Nudeln. Dort haben sie nasse und grüne Reisfelder, hier gibt es dagegen ausgetrocknete Weizenfelder. Hier ist die Landschaft so flach, wie man sie sich nicht flacher vorstellen kann, wogegen es dort Berge und Täler gibt.«

Aber in diesem trockenen Norden des Landes hatte es Ströme geistlichen Segens gegeben, wie Betty bald feststellen durfte. Im Ganzen gesehen war die Arbeit in dieser Provinz nur langsam vorangegangen. Die Ernte war nur dürftig gewesen, bis vor ein paar Jahren eine wahre Springflut göttlicher Gnade über diesen nördlichen Landesteil gekommen war. Es hatte in den bewegten Jahren nach 1925 angefangen, und dies vor allem durch die Bemühungen der einheimischen Christen. Nach der großen Ausweisung von 1927 waren keine ausländischen Missionare mehr in der Region übrig geblieben, und die chinesischen Führer unter den Christen sahen sich wirklich auf Gott allein geworfen. Trotz großer Gefahren vonseiten der kommunistischen Truppen legten sie mutig Zeugnis für Christus ab, indem der Geist Gottes mitwirkte. Ja, als Mr. Costerus und Mr. Hamilton dorthin zurückkehrten und fürchteten, die Christen wären entmutigt und überall zerstreut, fanden sie stattdessen ein wirklich wunderbares Werk Gottes in dem ganzen Fuyang-Distrikt vor.

In der Stadt selbst stießen sie auf einen Gottesdienst mit 250 Besuchern, und, wie man ihnen sagte, war das die durchschnittliche Besucherzahl. Eine herzerfrischende Jugendversammlung von *Christian Endeavor*[11] schloss sich an, gefolgt von einem Taufgottesdienst, in dem elf Männer und Frauen sich offen zu Christus bekannten. In dem anschließenden Abendmahlsgottesdienst nahmen siebzig bis achtzig Personen mit großer und überfließender Freude teil. Diese Menschen hatten alle schon einiges an Verfolgung hinter sich.

Dreißig Kilometer nordwestlich fanden sie Gläubige, die ganz für Christus brannten. Die Verfolgung hatte ihnen durch die Gnade Gottes Mut gemacht, und ihr Zeugnis war ein großer Segen gewesen, sodass viele Außenstehende sich bekehrten. Einundsiebzig Männer und Frauen wurden befragt und zur Taufe zugelassen. Ihre Antworten auf die Fragen »offenbarten auf großartige Weise, welches Verständnis sie von der Bibel und von dem Weg des Heils hatten«, schrieb Mr. Costerus.

Der Geist der Erweckung schien die ganze Region zu durchwehen. Neue Gruppen ernsthafter Christen kamen wöchentlich zusammen, um Gott anzubeten. An einem Ort war eine Witwe das Instrument des Segens gewesen und hielt die Bekehrten zusammen, von denen einige schon eine leitende Funktion in den sonntäglichen Gottesdiensten übernahmen. Aber es bestand ein dringender Bedarf an Belehrung bei diesen jungen

---

11 Internationaler christlicher Jugendverband; der deutsche Zweig ist *Entschieden für Christus* (Anmerkung des Übersetzers).

Gläubigen. Mr. Costerus schrieb über zwei Dörfer, in denen es jeweils eine recht große Gruppe gab:

»Keiner von ihnen weiß viel über das Evangelium. Wenn sie zusammenkommen, ist Singen und Beten fast das Einzige, das sie tun können. Und doch wirkt der Herr unter ihnen. Man nennt sie die ›wilden Schafe‹, weil es noch niemanden gibt, der sich um sie kümmert.«

Man kann sich vorstellen, wie dankbar die Missionare waren, dass sie wieder in ihr Gebiet zurückkehren konnten, und als Mr. und Mrs. Hamilton ihren Heimaturlaub antraten, wurden die Glittenbergs dazu bestimmt, an ihre Stelle zu treten. Miss Nancy Rodgers hatte weiterhin die Verantwortung für die Mädchenschule in Fuyang sowie für manche andere Dienste, und als Betty Scott und ihre Begleiterin Katie Dodd ankamen, wurden sie aufs Herzlichste von ihr empfangen.

Die Herbstkonferenz jenes Jahres in Fuyang mit Hunderten von Christen, die sich zusammengefunden hatten, war einfach wunderbar. Sie waren aus allen Teilen dieses Bezirks gekommen – voller Erwartung des Segens. Betty schrieb dazu:

»Wir waren so froh, dass Miss Rodgers wieder zurück war, und die Freude der Chinesen kannte keine Grenzen. Sie brachte Miss Chiang aus Xuancheng mit, die auch an den Herbstversammlungen teilnahm. Der Besuch war sehr gut. Es waren bestimmt achthundert Leute zusammen, weil das Gemeindegebäude voll besetzt war. Viele der Christen waren vom Land gekommen.«

In jenem Herbst wurden zweiundachtzig Personen getauft, unter ihnen ein alter Herr, der schon über achtzig war. Über ihn schrieb Mrs. Glittenberg:

»Als er nach dem Taufgottesdienst nach Hause kam, sagte sein Sohn, der ihm durch sein eigenwilliges Verhalten schon viel Kummer bereitet hatte, zu seiner großen Überraschung: ›Daraus wird nie etwas, wenn wir beide jetzt unter einem Dach wohnen sollen!‹ Er war der Meinung, er sei zu tief in die Sünde versunken, um gerettet werden zu können. Der Vater konnte ihn aber zu der Einwilligung überreden, dass man zumindest für ihn beten könne. Auf ihre Bitte hin kamen einige der Gemeindeältesten, redeten und beteten mit dem jungen Mann, und dieser wurde auf herrliche Weise errettet.«

Bei diesen Möglichkeiten, die sich ihnen in der ganzen Region boten, war es nicht leicht für sie, ihr Sprachstudium fortzusetzen. Betty und Miss Dodd konnten den einen oder anderen Besuch in der Stadt machen und hatten schon vor der Konferenz eine einwöchige Missionsreise unternommen. Ihrem Bruder schrieb sie über diese für sie ganz neue Erfahrung:

»In Anhui ist die Landschaft so flach, wie du es wohl in deinem Leben noch nie gesehen hast. Es kommt einem fast wie das Meer vor, wenn es ruhig ist. Nur hie und da gibt es ein paar Bäume oder Häuser, die man aber gar nicht aus der Ferne sehen kann. Die Häuser sind ja aus Lehm und die Bäume von Staub bedeckt – wie alles andere hier auch. Das Erste, was wir von einer menschlichen Behausung sahen, war oft ein Bündel glänzend roter Paprikaschoten, die zum Trocknen an der Hauswand aufgehängt waren. Diese und die Kakibäume – welche die Fähigkeit haben, ihre Blätter in allen möglichen Schattierungen von orange über rot bis grün zu färben – waren manchmal die einzigen von Leben zeugenden Farbtupfer, die wir im Lauf eines Tages zu Gesicht bekamen. Überall sah man die Menschen rosagraue Süßkartoffeln ernten aus etwas, das wie Staubhaufen aussah. Kam einmal ein kleiner Esel vorbeigetrottet, so wirbelte er eine Staubwolke auf, die man kilometerweit sehen konnte. Manchmal hielten wir uns am Fluss auf, der fast blau war und sich sein Bett tief in die trockenen Felsen gegraben hatte.

Unsere Rikscha-Leute hatten ein Tempo, wie es nicht langsamer sein konnte. Der Weg war sehr holprig, die Wagen hatten keine Ballonreifen, und neu waren sie auch nicht. Meistens waren sie mit Bändern und Lappen umwickelt, und die Männer hielten immer wieder an, um störende Teile von den Rädern zu entfernen, weil sie weitere Pannen befürchteten.
Um halb drei etwa hielten wir an, um unser Mittagessen einzunehmen. Nein, es war keine Raststätte, und der Ort selbst hatte auch sonst nicht viel zu bieten. Alle Männer, Frauen und Kinder aus der näheren und weiteren Umgebung hatten sich in diesem Marktstädtchen mit ihren Erzeugnissen eingefunden. Jeder versuchte, die meisten Fliegen auf sich oder seinen Nahrungsmitteln zu vereinen. Als die Fliegen uns sahen, stürzten sie sich voller Begeisterung auf uns. Die Leute übrigens auch. Wir zogen uns ins Innere einer Lehmhütte (die das Gasthaus sein sollte) zurück, und auch dort fielen die Menschen über uns her. Wir kamen uns wie Fußbälle vor, nach denen man tritt, bis die Wirtin sie mit Gewalt hinausschob und lautstark erklärte, wir seien auch nur Menschen wie sie selbst. Diese aber schlichen sich in ihrer gutmütigen Art doch wieder ins Haus zurück, bis sie schließlich in drei Reihen um uns herum standen.«

Die Wirtin war offensichtlich freundlich, aber auch energisch. Sie hatte sich vorgenommen, ihren Gästen ein gewisses Maß an Privatsphäre zu bieten. Daher entschuldigte sie sich bei den Leuten, nahm ihre Gäste mit in einen Hinterhof und schob sie dort schnell in ein anderes kleines Zimmer.

»Mit resoluter Hand schloss sie die Tür und ließ uns mit unseren Essstäbchen und unserer Mahlzeit in fast völliger Dunkelheit zurück. Wir konnten noch nicht einmal sehen, ob wir die Fliegen mitaßen oder nicht. Wer von der Menschenmenge schon hereingekommen war, bevor die Tür geschlossen wurde, strahlte uns mit glänzenden Augen an.

Was für ein herrlicher Anblick für sie – es war bestimmt *das* Ereignis ihres Lebens! Während der ganzen Zeit hatten wir, so gut wir konnten, Traktate weitergereicht, wobei unsere Bibelfrau den größten Teil des Redens übernahm.
An jenem Abend hielten wir in einem weiteren Dorf an, wo es ein paar Christen und auch einen Ort für Gottesdienste gab. Diese lieben Leute waren in keiner Weise reinlicher als die übrigen Menschen um sie herum, aber sie waren überaus freundlich und zuvorkommend. Sie brachten uns unter anderem heißes Wasser und gekochte Erdnüsse. Schlafen durften wir auf dem Dachboden über der kleinen Kapelle. Da die Ratten Katie zu schaffen machten, beförderte sie ihr Bettzeug über die Leiter nach unten und schlief auf den Bänken. Ich zog es vor, oben zu bleiben, bekam es aber mit einer ganzen Menge von kleineren Wesen als Ratten zu tun – oh oh!
Am nächsten Tag erreichten wir die schon etwas größere Stadt Yingshang. Über die Ebene hinweg konnte man die Stadtmauer schon kilometerweit sehen. Soweit wir wissen, hat dort bis jetzt noch kein Missionar gewohnt. Unsere Räumlichkeiten liegen etwas abseits von den großen Straßen und verfügen über das schönste runde Mondtor, das du je gesehen hast, welches in den Innenhof führt. Der Evangelist, der jetzt dort wohnt, hatte, wie für China typisch, überall Rüben und Garnelen zum Trocknen in der Sonne ausgebreitet, wobei auf jeder einzelnen Garnele eine Menge Fliegen saß.«

Diese Außenstation befand sich nicht in jenem Teil des Landes, der am meisten gesegnet worden war, und man hoffte, Betty und Miss Dodd würden sich dort in Kürze niederlassen und sich um die Frauen und Kinder kümmern. Betty bereitete der Gedanke daran große Freude.

»Dieser Ort sieht überaus vielversprechend aus für eine solche Arbeit. Unter den Frauen ist schon ein wenig gearbeitet worden, und es gibt auch einige, die etwas über das Evangelium hören wollen und Interesse daran haben, die Bibel zu lesen und zu studieren. Irgendwie sind ihre Herzen schon vorbereitet. Das Gleiche gilt für die Kinder. Die Schuljungen und -mädchen sowie die Kinder, die noch nicht lesen können, strahlten bei dem Gedanken, dass wir ihnen Unterricht geben würden. Während der ganzen Zeit kamen sie immer wieder hereingeschwärmt und waren begierig, alle Verse und Lieder zu lernen, die wir nur kannten. Und dann wiederholten sie alles hundert Mal, um ganz sicherzugehen, dass sie es jetzt konnten. … Einige von ihnen waren so goldig, wie du es dir kaum vorstellen kannst, so richtig liebenswürdig und unverdorben, und mit strahlenden Augen standen sie dicht gedrängt um uns herum. Jeden Vers und jedes Lied von uns wiederholten sie Wort für Wort und Zeile für Zeile, und das mehrere Stunden lang. Hier kam man nicht abgehetzt und verspätet zur Sonntagsschule oder rannte nach Schluss sofort wieder nach Hause. Zwar gingen sie für die Mahlzeiten nach Hause, allerdings nicht alle zur selben Zeit. Sonntags gab es unter der Leitung des Evangelisten drei Gottesdienste und nachmittags eine besondere Versammlung für die Kinder. Es war also den ganzen Tag lang ein volles Haus. Die Kinder waren auch nicht frech oder vorlaut – sie waren einfach interessiert und begeistert. Wir verteilten Traktate, und Miss Liu war ununterbrochen am Reden. Eine Frauengruppe nach der anderen bekam ihre Predigt zu hören. Sie alle wollten, dass wir wiederkommen, uns in der Stadt niederlassen und ihnen Bibelunterricht erteilen.«

Die Arbeit war ermüdend, waren die Mädchen ein solches Umfeld doch überhaupt nicht gewohnt. Die Sprache, das Essen, die vielen Menschen – alles war so anders; und doch waren sie froh, dass sie da sein konnten. Ihrem Verlobten in Anqing schrieb Betty:

»O John, du hättest nur sehen sollen, wie die Leute gestern nach unserer Ankunft hier zu uns hereingeströmt kamen! Sie waren einfach überall – in der Kapelle, die zum großen Teil offen ist, im Hof und in unserem Zimmer. Darunter waren ganz liebenswerte kleine Mädchen neben den Scharen von Frauen, Schülern und anderen Kindern. Wir haben viele Traktate weitergegeben, und die Bibelfrau war fast ununterbrochen am Reden. Katie und ich haben auch versucht, hier und da ein paar Worte zu sagen. Einmal habe ich zwischen fünfzig und sechzig Zuhörer gezählt. Es war ein ständiges Kommen und Gehen. Wir haben sie alle eingeladen, zu den Predigtgottesdiensten am Sonntag wiederzukommen. Wie gern würden wir bald mit Bibelunterricht für diese gelehrigen Mädchen und mit weiteren Versammlungen für die Frauen und Kinder anfangen!

Heute früh nahm uns der Evangelist mit zu einer Stippvisite in jedes einzelne Haus, wo Christen oder Interessierte wohnen: Hier ist auf jeden Fall noch viel Arbeit! Stell dir nur vor, dass hier noch nie ein Missionar oder eine Missionarin gelebt hat, und ich glaube nicht, dass hier – mit Ausnahme von Mrs. Ferguson – überhaupt schon einmal eine weiße Frau gewesen ist. Es ist auch eine sehr große und befestigte Stadt.«

Verständlicherweise machte John sich Gedanken um Bettys Sicherheit, da sie in einem Gebiet lebte, das nicht frei von Banditen war, und das ganz besonders nach einem traurigen Ereignis im unmittelbaren Anschluss an Bettys Reise. Die kleine Lois, das jüngste Kind der Glittenbergs und ein liebes Baby mit einem goldenen Lockenkopf, erkrankte an Ruhr. Betty war der Familie sehr zugetan und empfand großes Mitgefühl für Mrs. Glittenberg, als sie in der einzig verbliebenen Hoffnung, das Leben des Kindes zu retten, sich aufmachte, um mit dem Bus das nächstgelegene Krankenhaus zu erreichen. Es lag eine Tagesreise weit entfernt, und leider wurde der Bus unterwegs von Banditen angehalten. Sie befahlen allen Reisenden auszusteigen und bemächtigten sich ihres Gepäcks. Vergebens bettelte Mrs. Glittenberg, dass sie das Täschchen behalten dürfe, das die Medizin für das Baby und ein paar weitere wichtige Dinge enthielt. Die Banditen schlossen, dass die Tasche von besonderem Wert sein müsse, weil die Mutter so besorgt darum war, und weigerten sich, ihr die Tasche zurückzugeben. Es dauerte eine geraume Zeit, bis man Rikschas aufgetrieben hatte, welche die Reisenden an ihr Ziel weiterbefördern konnten. Glücklicherweise hatte Mrs. Glittenberg etwas Geld in ein Kleidungsstück eingenäht und konnte so ihre Reise bezahlen. Das Baby war aber doch zu lange ohne die erforderlichen Medikamente gewesen, was dem jungen kostbaren Leben ein Ende bereitete. Die kleine Lois starb im Krankenhaus von Huaiyuan an den Folgen der Ruhr. Ein paar Tage später schrieb Betty über diesen Schmerz und berichtete von der schönen geistlichen Art, womit die Eltern den Tod ihres Kindes angenommen hatten:

> »In dieser Arbeit hier muss man einfach alles Gott anvertrauen, auch seine Kinder, und die Gewissheit haben, dass er genau das tut, was am besten und in Übereinstimmung mit seinem Willen ist.«

Das war im November, nur wenige Wochen nach Bettys Ankunft in Fuyang in Begleitung der Glittenbergs.

Aber vor Jahresende hatten sie ein weiteres Erlebnis, das sie auf die Probe stellte, dieses Mal mit Soldaten. Betty berichtet darüber in ihrem Brief an John in Anqing:

> 11. Dezember 1932
>
> »Heute war ich nicht in der Gemeinde. Um die Mittagszeit ging ich zu den Glittenbergs hinüber zum Essen. Seit dem Tod des Babys ist Milton krank. Es sieht jetzt so aus, als hätte er die Masern. Mrs. Glittenberg war bei ihm, während die anderen alle in der Gemeinde waren, mit Ausnahme

des Kochs, der schon früher wieder zurückgekehrt war, um den alten Pförtner abzulösen. Es war etwa zwei Uhr nachmittags und der Gottesdienst war noch nicht zu Ende, als ein Trupp Soldaten hereinmarschierte mit der Absicht, sich dort einzuquartieren. Der Koch musste ihnen wohl Widerstand geleistet haben. Sie schlugen ihn nämlich, sodass er zur Gemeinde eilte, um den Pförtner und Mr. Wang – den Lehrer an der Mädchenschule – herbeizuholen. In der Zwischenzeit war ich hinausgegangen und hatte mich an die Soldaten gewandt. Ich erklärte ihnen, dass es hier nur eine Mädchenschule gibt sowie das Wohnhaus des Missionars und ein paar Zimmer, die von einigen weiteren Personen bewohnt werden. Damit wollte ich deutlich machen, dass wir hier keinen Platz für sie und ihre Kompanie hätten. Als der Koch mit Mr. Wang und dem Pförtner zurückkehrte, war uns klar geworden, dass die Soldaten wirklich vorhatten zu bleiben. Ich ging also ins Haus und informierte Mrs. Glittenberg darüber. Dann wurde der Gottesdienst aufgelöst und die Mädchen kamen nach Hause. Du kannst dir das Bild vorstellen, als sich nach kurzer Zeit zwei Kompanien Soldaten (rund sechzig Männer) im Erdgeschoss der Mädchenschule eingefunden hatten, die Bänke und Tische alle draußen im Hof.

Es war natürlich alles andere als korrekt von den Soldaten, dass sie sich auf diese Weise eines Teils der Mädchenschule bemächtigten, auch wenn Nancy Rodgers und die Mädchen im Obergeschoss bleiben konnten. Es war zu erwarten, dass sie auch die übrigen Teile des Geländes einschließlich unseres Hauses durchstreifen würden. Mr. Glittenberg war in Shanghai, um die älteren Kinder für die Weihnachtsferien abzuholen, und der Pastor war unterwegs auf einer Predigttour. Es war nun der Evangelist Mr. Ho, soeben mit dem Zelt von ein paar guten Zusammenkünften zurückgekehrt, der nun höflich, aber bestimmt die Sache erklärte.

Zu dem Zeitpunkt hatten wir beschlossen, dass es besser wäre, ich ginge zum Gemeindegelände hinüber, um nachzusehen, wie es um Katies und mein Zuhause bestellt war. Es sah nämlich so aus, als würden sich die Soldaten nun überall einquartieren. Es war aber alles in Ordnung, sodass ich wieder zurückkehrte. Ich traf Mr. Ho in der Nähe des *yamen* (das ist das Haus des für die Region zuständigen Beamten), und der Gute machte sich auf, den Boss suchen. Und tatsächlich stieß er direkt vor der Tür auf ihn. Der Anführer der Soldaten war sehr freundlich, und als er hörte, es handle sich um eine christliche Mädchenschule, sagte er sofort, es sei nicht angemessen, dass seine Männer hier bleiben würden. Er versprach den Abzug noch vor Einbruch der Dunkelheit.

Mittlerweile waren die Männer aber schon recht weit mit ihrer Besitzergreifung vorgedrungen und fingen sogar an, sich für unsere Küche, Nancys Zimmer und das Obergeschoss der Schule zu interessieren. Als wir hörten, was Mr. Ho berichtete, waren wir voller Freude, beteten aber weiter. Wie schnell konnte hier jemand seine Meinung ändern oder Entschuldigungen finden, wenn ihm danach war. Doch als wir noch beim Beten waren, hörten wir einen durchdringenden Pfiff, den einen oder anderen Befehl, und bevor wir draußen ankamen, um nachzusehen, hatten die Soldaten Haltung angenommen und standen in doppelter Reihe von unserer Tür bis fast an das vordere Tor. Wohlgeordnet marschierten sie hinaus, und bevor es dunkel wurde, war alles wieder leer und ruhig. Mr. Ho, Lehrer Wang, der Pförtner, der Tischler, der kleine Ziegenjunge, der Koch, die Schulmädchen und wir selbst gingen umher, strahlten und waren wie freudig betäubt. Es war einfach wunderbar! Wie du dir vorstellen kannst, lobten wir immer wieder die Barmherzigkeit Gottes.«

In einem Brief an seine Eltern äußerte sich John über diese Ereignisse wie folgt:

> »Ganz besonders hat es mich gefreut zu sehen, wie ruhig Betty das Ganze aufgenommen hat. Ich danke Gott für sie! Aber das oben Geschilderte wird euch helfen, mit noch mehr Verständnis für sie zu beten, ja, für uns beide, wenn wir in dieses Werk einsteigen. Man weiß nie, was einem noch alles zustoßen kann. Wir wissen aber sehr wohl, dass der Herr Jahwe regiert. Und vor allem: Lasst nicht zu, dass euch irgendetwas unsertwegen beunruhigt.«

Dann zitierte er folgendes Gedicht, das soeben zu ihm gelangt war. Darin ging es um einen Missionar, der in die Hände von Banditen gefallen war und nun sterben sollte. Mit der Waffe in der Hand fragten sie ihn, ob er Angst habe. »Nein«, war seine Antwort. »Wenn ihr schießt, bin ich augenblicklich im Himmel!« Das Gedicht lautet, ins Deutsche übersetzt, so[12]:

Ängste? – wovor?
Dass glücklich der Geist dann von allem befreit?
Dass völliger Friede vertreibt jedes Leid?
Zum Schweigen gebracht werden Kummer und Streit?
Ängste davor?

Ängste? – wovor?
Das Antlitz des Heilands im Himmel zu sehn?
Ihn reden zu hören und vor Ihm zu stehn?
Ins herrliche Reich Seiner Liebe eingehn?
Ängste davor?

12 Dieses Gedicht handelt von der großen Standhaftigkeit des Pastors J.W. Vinson, der in Nord-China als Märtyrer starb, und wurde geschrieben von einem weiteren China-Missionar, dem Pastor E.H. Hamilton. Dieses Gedicht bedeutete John Stam viel. Er erhielt es von Dr. C.E. Scott.

Ängste? – wovor?
Ein Blitzen, ein Krachen, ein Herze durchbohrt,
Erst Dunkel, dann Helle am himmlischen Ort!
Ein ganz kurzes Leiden – und schon bin ich dort.
Ängste davor?

Ängste? – wovor?
Durch Sterben zu tun, was das Leben nicht kann?
Mit Blut zu durchtränken den steinigen Plan?
Dass Seelen draus sprießen für Gott irgendwann?
Ängste davor?

John fuhr fort:

> »Wir können Gott also dafür loben, dass mit uns alles zum Besten steht. Sollten wir schon früher Abschied nehmen müssen, dann werden wir nur umso schneller das Glück der Gegenwart des Herrn genießen und nur umso zeitiger von dem Kampf gegen Sünde und Satan befreit sein. Inzwischen können wir einfach nur weiter den preisen, von dem aller Segen ausgeht.«

In seiner eigenen Arbeit in Anqing war John sich sehr der Hilfe bewusst, die er durch seine erhörten Gebete empfing. Die Sprache bereitete ihm Schwierigkeiten, aber seine Briefe zeugten davon, dass er wohlgemut war und sein Vertrauen auf Gott setzte. Die Treue im Kleinen, die ihn schon als Schuljunge so gekennzeichnet hatte, zeigte sich jetzt noch deutlicher. Das betraf seine Zeiteinteilung, aber auch seinen beständigen Fleiß in der jeweils gerade anstehenden Aufgabe. Auch seine Gesundheit stabilisierte sich, weil er früh ins Bett ging und auf genügend Bewegung achtete. Die Schüler in Anqing konnten nicht oft ausgehen, da man befürchtete, das Auftreten von so vielen jungen Männern würde in der Stadt für Aufsehen sorgen. Aber was sie nicht an Spaziergängen machen konnten, ersetzten sie durch entsprechende sportliche Anstrengungen auf dem

Schulgelände. Es war für John eine großartige Erfahrung, als er nach nur wenigen Monaten seine Sprachtests bestand.

»Hurra! Heute früh habe ich die letzte der drei Sprachprüfungen abgeschlossen. Ich hatte an drei Tagen hintereinander jeweils eine zu absolvieren, und ich lobe den Herrn für seine Hilfe, deren ich mir sehr bewusst bin. … Am Mittwoch habe ich noch die mündliche Prüfung, bei der ich ausgewählte Texte vorlesen und, statt mit meinen normalen Lehrern, mit dem Pastor ein Gespräch führen muss. Am Samstag muss ich dann die Morgenandacht auf Chinesisch leiten. Das Thema wird Johannes 5,15-23 sein. Ich bin froh, dass es kein zu schwieriger Abschnitt ist.«

25. März 1932

»Als wir anfänglich von Hudson Taylor lasen, dass die Männer nach sechs Monaten Sprachstudium auf Chinesisch predigen konnten, mussten wir alle lächeln. Aber bitte schön: Nach genau fünf Monaten und einem Tag habe ich tatsächlich das Morgengebet übernommen! Preist den Herrn!
Vermutlich weil ich früher schon so oft an den vielen Straßenecken von Paterson vor Angst geschlottert habe, macht es mir jetzt nicht mehr so viel aus. …
Es war für mich wirklich ein Segen, als ich merkte, dass ich etwas sagen und ein paar Gedanken weitergeben konnte und offensichtlich auch verstanden wurde. Weil ich bislang noch nicht frei auf Chinesisch beten kann, bat ich den Pastor darum, es zu übernehmen. Und aus dem zu schließen, wie er Punkt für Punkt noch einmal die Botschaft durchging, war es offensichtlich, dass er sie verstanden hatte, auch wenn er sie für jene noch einmal wiederholte, die vielleicht nicht begriffen hatten.«

Zu dieser Zeit wurde der Generaldirektor der Mission in Anqing erwartet, der sich der wichtigen Frage unserer jeweiligen Bestimmung annehmen würde. Unter den Schülern wurde viel darüber spekuliert, wer wohl wohin ausgesandt werden würde. Da die Mission in China selbst in fünfzehn unterschiedlichen Provinzen eine Arbeit betreibt (neben der in den entlegenen Schutzgebieten), ist es ein sehr weites Feld, und man muss in Betracht ziehen, dass der Bedarf sehr unterschiedlich ist. Während des Winters hatten sie alle viel darüber gebetet, und die jungen Männer hatten genug über das Land gelernt, sodass sie jetzt in den Beratungen mit hinzugezogen werden konnten. Mr. Hoste kam am Montag an und begann die Gespräche noch am selben Tag. John schrieb darüber:

> »Ich war erst am Dienstagnachmittag dran. Mr. Hoste hatte eine Erkältung und musste an diesem Tag das Bett hüten. … Ich glaube, ich werde die Augenblicke nie vergessen, die ich mit ihm allein war.
>
> Wenn man Mr. Hoste unter normalen Umständen sieht, dann deuten sein wuchtiger Kopf, seine makellos aufrechte Haltung und sein Spitzbart darauf hin, dass er früher einmal Offizier war. Aber es ist eine ganz andere Sache, wenn man ihn im Bett sieht, gestützt auf seine Kissen. Nichts an ihm erinnerte mehr an einen Offizier. Er sah eher aus wie ein ermüdeter Patriarch, der bereit ist, seine Last abzulegen. Er erinnerte mich einfach nur an Jakob, der auf seinen Stab gestützt seine Söhne segnete.
>
> Ich war gerade erst ein paar Minuten bei ihm gewesen, als er anfing zu beten. Er bat den Herrn, mich und Betty zu segnen – was mich übrigens sehr froh stimmte – und fuhr dann fort, für die Mission, die einheimische Gemeinde, andere Missionen usw. zu beten. Das währte fünfzehn bis zwanzig Minuten. Irgendwie hatte ich den Eindruck, dass er nicht nur eben einmal den Kopf geneigt hatte, weil er den Herrn um den Segen für unsere Überlegungen bitten

wollte. Es kam mir vielmehr so vor, als hätte er beim Beten ganz vergessen, dass ich ja wegen meiner Bestimmung gekommen war. Jetzt ging er seiner wichtigsten Aufgabe nach, welche die Fürbitte war.

Er gab mir dann allerlei hilfreiche Ratschläge, und das keineswegs in einer herablassenden Weise, sondern in aufrichtiger Demut. Als ich schon über eine Stunde bei ihm gewesen war, kam er schließlich auf die Bestimmung zu sprechen. Das Ergebnis ist, dass ich zur weiteren Ausbildung nach Xuancheng gehen und dort in der Arbeit mit Mr. und Mrs. Birch aus Nordamerika anfangen soll. Es wird beabsichtigt, dann eine neue Missionsstation in der Stadt Jingde zu eröffnen. Es sieht also so aus, dass wir, auch wenn ich nicht nach Xinjiang gehe, doch das Vorrecht haben werden, neues Gebiet für den Herrn zu erobern. …

Xuancheng kenne ich nicht, kann also auch nicht viel darüber schreiben, außer dass es dort offensichtlich eine gut gehende Gemeinde gibt. Es ist eine recht gebirgige Region im Süden unserer Provinz, und es soll dort sehr schön sein.«

Dann hieß es, Abschied von der Sprachschule nehmen. Die ersten glücklichen Bande in China mussten gelöst werden.

»Ich werde Gott immer für die Bekanntschaft mit John dankbar bleiben [schrieb einer seiner Mitschüler]. Er war von allen der geistlichste in Anqing. Es war einfach eine Freude, mit ihm zusammen zu reden und zu arbeiten. Er schien immer über den Schwierigkeiten und Sorgen erhaben zu sein, weil er sie Gott übergab, und sein Vorbild hat so manchen ermutigt (mich auf jeden Fall!), gewissenhafter zu beten.«

Ein anderer Schüler, der ihn auf der Reise von Amerika begleitet hatte, schrieb:

»Menschlich gesprochen war John das Rückgrat des geistlichen Lebens in Anqing. Er schien Christus inniger und zugleich praktischer zu kennen als wir. Wenn ich entmutigt war, half er mir, die Freude im Herrn wiederzufinden. Einige Monate, nachdem wir Anqing verlassen hatten, schrieb er mir einen Brief, in dem er mich auf sehr wohlwollende Weise auf einige Dinge hinwies. Diesen Brief halte ich in Ehren und werde ihn immer wieder mit Gewinn lesen. Noch nie habe ich eine Zurechtweisung empfangen, die so sehr im Geist von Galater 6,1 war, und ich lobe Gott dafür. Johns geistliches Leben war ansteckend und hatte einen besonderen Glanz. Er schien ständig den Kontakt mit der Kraftquelle, mit dem Herrn selbst, zu haben.«

Treu auch in Vielem

Einer von Hudson Taylors hilfreichen Aussprüchen lautet: »Kleine Dinge sind kleine Dinge, aber *Treue* in kleinen Dingen ist eine große Sache.« John und Betty, die ganz besonders in ihrem verborgenen Leben mit Gott treu gewesen waren, sollte jetzt der große Reichtum einer vollkommenen Liebe im Eheleben sowie ein weites Arbeitsfeld anvertraut werden.

Bevor John sich aber der neuen Aufgaben annahm, stand ihm der Sommer noch für weitere Studien zur Verfügung. Und anstatt eine Einladung an die Küste anzunehmen und so der großen Hitze zu entfliehen, entschied er sich dafür, die Zeit allein unter den Chinesen in dem neuen Distrikt zu verbringen. Xuancheng, die Missionszentrale, stand unter der Aufsicht von Mr. George A. Birch, der sich über ihn als neuen Mitarbeiter freute und ihm einen herzlichen Empfang bereitete.

> »Ich kann mich noch sehr gut an den Tag errinnern, als John in Xuancheng ankam. Ich holte ihn von der Barkasse ab. Er war 1,85 Meter groß, und jeder Zentimeter an ihm war ein echter Mann. Sein fester Händedruck und sein breites Lächeln besiegelten unsere Freundschaft von Anfang an. Als wir unseren Weg mit dem Sampan (ein kleines Boot für seichte Gewässer) fortsetzten, kam unser Gespräch sehr bald auf göttliche Dinge, denn John führte ein Leben mit Gott und redete gern über das, wovon sein Herz voll war.
>
> Auf unserer ersten gemeinsamen Reise mussten wir einmal einen ganzen Tag lang im Regen und durch Schlamm marschieren, aber John ließ sich in keiner Weise entmutigen. Diese Tour sowie alle weiteren mit ihm waren für mich ein Segen, denn Johns Geist war eine reiche Fundgrube der Gotteserkenntnis. Er war wirklich mächtig

in den Schriften, voller Eifer, Christus bekannt zu machen, und voller Liebe zu den Verlorenen um ihn herum.

John konnte immer sehr schnell die Hand Gottes in allem sehen. Einmal war er nach einem langen Fußmarsch und durch eine schwere Erkältung bedingt fix und fertig. Er sehnte sich sehr nach etwas Grüngemüse zu unserem Essen, sah aber keine Möglichkeit, welches zu bekommen. Um die Mittagszeit hielten wir in einem Dorf an, um das Evangelium zu predigen. Ohne dass wir etwas gesagt hätten, fing die Frau, vor deren Teeladen wir predigten und die unseren chinesischen Begleiter kannte, an, eine leckere Mahlzeit für uns zuzubereiten. Es waren sechs oder acht verschiedene Sorten Gemüse, von denen die meisten gut gesalzen waren, denn zu dieser Zeit waren sie frisch nicht zu erhalten. Welch eine Überraschung! John rief aus: ›Sollte Gott imstande sein, uns in der Wüste einen Tisch zu bereiten?‹ Wie oft sagte er: ›Mein himmlischer Vater weiß!‹«

Mr. und Mrs. Birch hielten sich in jenem Sommer im Gebirge auf, weil sie dringend Luftveränderung brauchten. Somit war John ab Mitte Juni allein verantwortlich. Dabei war er erst seit acht Monaten in China.

»Mit der Sprache machte er großartige Fortschritte, und er hatte einen guten Draht zu den Menschen. Während dieser Zeit hielt er regelmäßig Kinderstunden ab und führte an einem Sonntagabend auch einen Gottesdienst durch, wobei er die Predigt auf Chinesisch hielt.«

Johns eigene Briefe gewähren uns Einblicke in sein Inneres bei diesen Erfahrungen, die alles andere als einfach waren:

»Nun, jetzt bin ich ganz allein hier [schrieb er im Juli]. Aber es ist nur halb so schlimm, wie es sich anhört, und ein schöner Brief von zu Hause tat sein Übriges, um mich an mein großes Vorrecht zu erinnern, als ich einmal einen Anflug von Niedergeschlagenheit empfand. …

Was mir die größte Freude gemacht hat, war die Möglichkeit, Traktate zu verteilen und mit den Menschen zu reden. Gestern Abend kehrte ich in zwei Läden ein, wo einige Männer mich baten, mich doch zu ihnen zu setzen. Ich hatte ein gutes Gespräch mit ihnen über das Evangelium, obwohl mein Wortschatz immer noch schrecklich beschränkt ist.
Ich muss sagen, dass die letzten Wochen mit zu den gesegnetsten gehören, die ich je erlebt habe. Die Leute lachen über mein Chinesisch. Es ist anstrengend, wenn ich versuche, alles zu verstehen, was sie mir klarmachen wollen, und es gelingt mir nur zum Teil, meine eigenen Gedanken deutlich zu machen. Die Ziege konnte sterben, Diebe konnten kommen und auf dem Gelände um Mitternacht eine Menschenjagd veranstalten, es konnte noch so viele Unterbrechungen und Probleme aller Art geben – in allem war ich mir ständig der Nähe des Herrn bewusst. …
In der letzten Zeit sind wiederholt einige Studenten bei mir gewesen. Betet doch bitte, dass ich ihnen das Evangelium klar und deutlich weitersagen kann. Ich habe normalerweise ein gutes Traktat mit Bibelversen zur Hand. Das gebe ich dann weiter und bitte darum, dass es vorgelesen wird. Dann sage ich noch ein paar erklärende Worte dazu usw. Bis jetzt bin ich noch nicht dazu in der Lage, was ich eigentlich tun sollte, nämlich Fragen stellen, die Aufschluss über das geben, was sie denken oder glauben, um ihnen dann etwas geben zu können, was wirklich dem entspricht, was sie brauchen. Mein Wortschatz ist noch immer zu klein, und ich verstehe nur einen Bruchteil von dem, was sie sagen. Viele von ihnen interessieren sich wahrscheinlich auch mehr für den Fremden mit seiner Orgel und seinem Plattenspieler. So ist das nun mal! Aber sie bekommen immerhin etwas über die Wahrheit des Evangeliums von mir zu hören, und in einem Traktat oder einem Bibelteil bekommen sie noch mehr darüber zu lesen.«

Die langen Tage, ausgefüllt mit seinen Studien, ermüdeten ihn, aber die Schönheit der Natur um ihn herum belebte ihn auch wieder.

»Oft gehe ich nachts vor das Stadttor oder stelle mich oben auf die Mauer und beobachte einfach nur die Wolken. Es ist mir dann, als wäre alles ein Dankgebet, verschiedene Choräle und eine wunderbare Predigt in einem. Du siehst also, dass ich auch mein Vergnügen habe. In rund fünfzehn Kilometern um uns herum sind auf beiden Seiten Hügel und Berge, und die Sonnenuntergänge sind einfach grandios.«

Morgens stand er zeitig auf, um vor dem Frühstück noch eine Stunde im Garten zu arbeiten – »weil ich mich bewegen wollte, gleichzeitig aber auch zu meiner Freude«, wie er sagte. Er blieb also in guter gesundheitlicher Verfassung und war mit dem zweiten Teil seines Sprachstudiums fertig, bevor die Zeit gekommen war, dass er in nördlicher Richtung aufbrechen und seine Braut zu sich holen sollte. Im August stellte er rund vierzig Liter an Eingemachtem und Konfitüre für die abwesende Hausmutter her. Dazu schrieb er: »Ich hatte nicht geglaubt, dass das auch etwas mit der Arbeit eines Missionars zu tun hat. Aber offensichtlich ist es doch so!«

»Es war ein sehr schöner Tag. Heute früh kam ein sehr netter junger Mann, der wirklich interessiert schien und mit dem ich auch beten konnte. Am Nachmittag kamen dann noch vier weitere Schüler. Eine kleine Gruppe trifft sich mehr oder weniger regelmäßig bei mir. Wir sind zusammen das Johannesvangelium Kapitel für Kapitel durchgegangen. … Ihr müsst viel für diese jungen Männer beten!«

Auch die Kinder machten ihm viel Freude. John verwendete Bibelchorusse, die er mit chinesischen Melodien versah. Im August schrieb er:

»Die Kinder in unseren Nachmittags- und Sonntagsversammlungen singen diese Lieder mit Begeisterung. Ich glaube nicht, dass man eine Stunde am Stück hier in meinem Zimmer sitzen könnte (außer nachts), ohne dass irgendwo ein kleines Kind anfängt, mit Hingabe und aus vollem Hals einen Chorus anzustimmen. … Neulich hörte ich frühmorgens ein kleines Mädchen voller Freude singen: ›Jesus liebt mich ganz gewiss, denn die Bibel sagt mir dies‹! Das war natürlich faszinierend. Ich weiß nämlich, dass die Menschen in ihrem Umfeld, mit denen ich kaum reden kann, das Evangelium zu hören bekommen, weil dieses Mädchen es ihnen vorsingt.«

Nach fast einem Jahr täglicher harter Arbeit an der Sprache empfand er es als sehr wohltuend, dass er mit Dampfschiff und Zug zum Haus von Dr. Scott und seiner Frau in Jinan fahren durfte. Seiner Familie schrieb er:

»Ich empfinde, dass ich mir ein paar Tage freinehmen sollte, einfach um den Herrn zu preisen:

1. weil ich errettet bin und im Dienst des Herrn stehen darf;
2. für meine ausgezeichnete Gesundheit, und das trotz des heißesten Sommers seit Jahren hier;
3. für größere Beweglichkeit in der Sprache;
4. dafür, dass ich, so der Herr will, bald mit *meiner Frau* (ich mag diesen Ausdruck!) wieder hierher zurückkommen werde.«

Aus einem Brief, den Betty einige Monate zuvor an ihren zukünftigen Schwager Harry Stam in Afrika geschrieben hatte, geht hervor, wie herzlich man ihn in Jinan empfangen haben muss.

»Es ist so schön, dass John wirklich Sinn für Humor hat. Er ist jemand, mit dem man einfach sehr gut auskommen kann! Du solltest hören, wie Mutter von ihm schwärmt.

Auch wenn ich ihn nicht gewollt hätte, sie wäre ihm durch dick und dünn treu geblieben und hätte mir keine Ruhe gelassen, bis ich endlich eingewilligt hätte! Mutter mochte ihn von Anfang an. Vater sagt ja nicht so viel, aber er ist auch sehr gut auf John zu sprechen. Sie sind schon tüchtig mit den Hochzeitsvorbereitungen beschäftigt, wobei Vater sich über alle Einzelheiten Gedanken zu machen scheint.«

Ende Oktober versammelten sich dann die Angehörigen der Braut in Jinan. Betty war nach einer Abwesenheit von zehn Jahren gut vier Wochen zu Hause gewesen, und John hatte ein paar ruhige Tage mit ihr verbracht, bevor die Brautjungfern und Johns Trauzeuge kamen. Es handelte sich dabei um die Mitarbeiter der *China-Inland-Mission* Katherine Dodd und Nancy Rodgers aus Fuyang sowie Percy Bromley, der zusammen mit John die Sprachschule besucht hatte. Die erste Brautjungfer war Bettys Zimmergenossin und beste Freundin aus den Tagen des Wilson College, Marguerite Luce, die als Missionkrankenschwester im Krankenhaus der Presbyterianer in Yantai arbeitete.

Die Brautmutter schrieb:

»Am Morgen des 25. Oktober waren wir alle dankbaren Herzens, weil Gott in so wunderbarer Weise unsere Gebete bezüglich des Wetters erhört hatte. Es war das ideale Wetter; während des ganzen Tages zeigte sich kein Wölkchen am Himmel, und kein Windstoß wirbelte den Staub der Erde auf. Es war auch wärmer als an den Tagen zuvor. Wir konnten uns also daranmachen, unseren Plan umzusetzen: Der Tennisplatz im Osten des Hauses sollte zu einer Freiluftkapelle werden.

Der Platz bietet sich wirklich dazu an, zu diesem Zweck umfunktioniert zu werden. Er verläuft in nordsüdlicher Richtung und ist auf drei Seiten von Bäumen und Sträuchern eingefasst. Auf der vierten Seite, Richtung Süden, befindet sich eine wuchtige Wand von Efeu, dessen Blätter sich gerade rot und golden färben. Von ihren Plätzen

aus konnten die Gäste in Richtung Süden über dieser Efeuwand hinweg die Spitze einer Gebirgskette in der Nähe der Stadt sehen. … Lange Bänke mit Rückenlehnen wurden vom Gemeindegelände herübergebracht und so aufgestellt, dass in der Mitte ein Gang und am südlichen Ende eine freie Stelle für die Zeremonie blieb. Dieser Platz war eingefasst mit Palmen, Farnen und blühenden Pflanzen. … Teppiche bedeckten hier und im Mittelgang den Zementboden. …
Der Bräutigam und sein Trauzeuge sowie der Geistliche, der die Trauung durchführen sollte – unser Nachbar Rev. Reuben A. Torrey[13] – näherten sich auf einem Gartenweg aus westlicher Richtung. Die Brautjungfern, in lavendelfarbene Seide gekleidet und mit Sträußen von gelben Chrysanthemen und Spargelfarn, gebunden mit breiten gelben Bändern, kamen langsam den Mittelgang entlang, gefolgt von der ersten Brautjungfer. Ihr Kleid war in dem gleichen lavendelfarbenen Prinzessinnenstil gehalten.
Die Braut selbst, am Arm ihres Vaters, trug einen schlichten Umhang aus weißem Seidenflor mit weiten Ärmeln und einen langen Rock. Den Ausschnitt bedeckte Brüsseler Spitze, aus der auch der Hutschleier gemacht war. Wir waren alle der Meinung, dass sie ganz besonders liebenswürdig aussah, wie sie so leicht und anmutig durch die Menge schritt. Auf ihren Lippen lag ein freundliches und glückliches Lächeln, und ihre Augen waren fest auf das Gesicht des Bräutigams gerichtet. … Dieser erwartete sie am Altar und hatte nur Augen für sie allein.
Wir sind Zeugen von schon vielen chinesischen Hochzeiten gewesen, auch christlichen, bei denen die Braut mit gesenktem Haupt nicht einen einzigen Blick auf das Gesicht des Bräutigams warf, als sei sie traurig oder ängstlich. Aber hier spürten wir, dass die bereitwillige und

13 Sohn des bekannten Evangelisten Dr. R.A. Torrey.

vertrauensvolle Haltung der Braut einen tiefen Eindruck bei unseren chinesischen Freunden hinterließ, besonders bei den Schülern.[14] Mr. Torrey in seinen Amtsgewändern verlieh dem einfachen und doch eindrucksvollen Gottesdienst weitere Würde. Alle schienen Ehrfurcht und heilige Freude zu empfinden, während sie Zeugen der Vereinigung von zwei so hingegebenen und treuen jungen Menschen sein durften. Viele der Gäste, sowohl Chinesen als auch Ausländer, sprachen hinterher davon, wie sehr ihnen dieser Gottesdienst eine persönliche Hilfe gewesen war.«

Nachdem die Hochzeitsgesellschaft zusammen gegessen und ihre Abendandacht mit schönen geistlichen Liedern durchgeführt hatte, neigte sich ein herrlicher Tag seinem Ende zu. John und Betty brachen nach Qingdao auf, wo Betty ihre Kindheit verbracht hatte. Am 27. Oktober schrieb John:

»Dieser Brief kommt von eurem frisch vermählten Paar in Qingdao. Der Herr hat alles so vorbereitet, dass wir ihn nur preisen können für seine Güte! Wir haben eine sehr gesegnete Zeit zusammen, und es gibt so viel zu erzählen, dass ich zusehen muss, ob ich mich hier irgendeiner Schreibmaschine bemächtigen kann, bevor der Segnungen so viele geworden sind, dass ich vielleicht welche vergessen könnte.

Um euch zu zeigen, wie wunderbar glücklich uns der Herr gemacht hat, muss ich euch eine Bemerkung weitergeben, die Betty gestern machte. Wir unterhielten uns über einen armen Jungen, der ganz allein hier in China ist, und da rief sie instinktiv aus: ›Lieber John, wünschst du nicht auch, dass alle unsere ledigen Freunde heiraten würden?‹

Ich bin sicher, dass keiner der Jungen [Johns Brüder] eine so wunderschöne Hochzeitsreise hatte, wie Betty und ich

14 Von den zweihundert anwesenden Gästen waren rund einhundertvierzig chinesische Christen.

sie gerade erleben. Es ist ein herrlicher Herbst, die Bäume zeigen ein prächtiges Laubwerk, und dieser Ort, hoch über dem Meer gelegen, scheint nur uns allein zu gehören! Ein Freund von Dr. Scott, der Architekt ist, brachte uns zu seiner Hütte in den Bergen, rund zwei Stunden von hier entfernt, wo wir übernachteten. Um uns herum nur herrliche Felsen und Berggipfel, es war einfach fantastisch! Am nächsten Morgen sind Betty und ich durch ein Tal zu einem Wasserfall gelaufen. Es war zu schön, mit kristallklaren Teichen und um uns herum nur Felsen. Wir sahen auf dem ganzen Weg keinen einzigen Europäer und auch nur wenige Chinesen. Die Gegend war so menschenleer, dass wir auf unserem Weg singen und jodeln konnten wie wir wollten. … Unser Gott tut wirklich alles, um seine Kinder glücklich zu machen.«

Aber ein Eheleben wie das von John und Betty wird mit der Zeit nur noch besser. Vielleicht dachten sie, dass nichts je so vollkommen sein könnte wie jene zwei Wochen in Qingdao, doch als sie nach Xuancheng zurückkehrten und sich dort in ihrem kleinen Heim für den Winter niederließen, um dort zu arbeiten und zu studieren, wurde es nur noch schöner.

»John ist an diesem Wochenende unterwegs [schrieb Betty Anfang Dezember], und nächstes Wochenende haben er und ich vor, eine weitere Außenstation zu besuchen, wo er einen Gottesdienst auf Chinesisch durchführen soll. Das wird dann meine erste Reise in diesem Teil des Landes sein. Der Schneider war mit seinen Männern ein paar Tage lang hier bei uns und hat uns beide jetzt mit chinesischen Kleidern ausgestattet. Ihr solltet John mal in seinem talarartigen Umhang mit Pelzbesatz sehen! So wirkt er noch größer. Und wenn er dann eine Treppe heruntergeht und mit den Armen den Stoff hochrafft – jeder würde ihn für einen alten chinesischen Herrn halten!«

Obwohl sie ihre eigene Wohnung auf dem Missionsgelände hatten, nahmen die beiden ihre Mahlzeiten zusammen mit Mr. und Mrs. Birch ein, um die Kosten für eine doppelte Haushaltsführung einzusparen. Sie verbrachten aber auch manchen ruhigen Abend an ihrem eigenen Kamin oder Ofen. John saß dann mit seinen Büchern an dem einen Tischende und Betty an dem anderen. Sie bereitete sich auf die letzte ihrer Sprachprüfungen vor, die sie dann ein paar Monate später auch ablegte. Damit brachte sie in drei Jahren den Kurs zum Abschluss, der von den weiblichen Mitarbeitern in der Mission erwartet wurde. Aber trotz ihrer Bemühungen, mit der Sprache vorwärtszukommen, vernachlässigten sie nicht die Gelegenheiten, mit den chinesischen Mitarbeitern unterwegs zu sein.

John schrieb nach der ersten Ankunft in Xuancheng:

> »Ich bin dem Herrn wirklich dankbar dafür, dass er mich auf diese Station gebracht hat, denn hier gibt es viele feine Christen, und man kann auch sehr gut von hier aus weiterarbeiten.«

Mit Song, dem Schneider, der einer dieser freiwilligen Mitarbeiter war, unternahmen John und Betty ihre erste gemeinsame Reise zu einer Außenstation. Nach vier Stunden Fußmarsch und vielen Gesprächen am Wegesrand kamen sie in Swenchiapu an, wo sie von Pao, dem Silberschmied, herzlich aufgenommen wurden. Über diese Freunde schrieb John:

> »Sowohl Song als auch Pao Lao-pan, in dessen Haus wir untergebracht waren, sind echte Christen und ein großer Segen für die Arbeit. Besonders Song stellt sich mehrere Wochen lang zur Verfügung und zieht über das Land und predigt. Er bekommt nichts dafür, sondern er preist Gott für die Möglichkeit, das Evangelium bekannt zu machen. Man kann sich freuen, wenn man ihn erzählen hört, dass er früher Angst hatte, sein Geschäft zu verlassen und sich auf diese Weise auf den Weg zu machen. Aber jetzt ach-

tet er den Sonntag und verlangt von seinen Lehrlingen dasselbe. Weil der Herr ihm ehrliche Männer geschenkt hat, konnte er sich jetzt öfter freinehmen.[15] Du müsstest das Gesicht dieses Mannes sehen und sein Lächeln, das seine Freude und Dankbarkeit ausdrückt, die er im Herrn hat!«

Auch Mr. Pao hat sehr mutmachende Erfahrungen in der schwierigen Frage der Sonntagsruhe gemacht. Eine Schuld von siebenhundert Dollar lastete schwer auf ihm, und er war der Meinung, dies sei Entschuldigung genug, um am Tag des Herrn zu arbeiten. Wie sollte er sonst die unverschämt hohen Zinsen (drei Prozent monatlich) bezahlen, wenn er sein Geschäft nicht an sieben Tagen geöffnet hielt – so wie alle anderen auch? Aber ein Besuch von Mr. Birch hatte ihn nachdenklich gemacht. Der Missionar hatte ihm einige wunderbare Verheißungen der Bibel gezeigt, die Gott denen macht, die ihm durch das Halten seiner Gebote gefallen. Pao wurde im Glauben gestärkt, und er beschloss, ohne Rücksicht auf die Kosten sein Geschäft sonntags geschlossen zu halten.

Auf der anderen Straßenseite war ein anderer Silberschmied, der hoffte, er könnte von dem profitieren, was er als Paos Torheit betrachtete. Er beschimpfte ihn öffentlich, weil er »von der Religion der Ausländer gegessen hatte«. Pao aber blieb still und geduldig, und sein Geschäft litt nicht. Zu jener Zeit entstand eine große Nachfrage nach Gold. Und weil Pao im Kontakt mit der Börse an anderen Orten stand, konnte er beträchtliche Gewinne verzeichnen, sehr zur Missgunst seines Rivalen. Es dauerte dann auch nicht mehr lange, und er hatte seine Schulden komplett abbezahlt. Sonderbarerweise fegte ein Feuer kurze Zeit später durch diesen Teil der Stadt. Die Häuser auf der

15 Mr. Song schließt sein Geschäft am Sonntag, bezahlt seinen fünf Helfern so viel wie früher und bringt sie mit zum Gottesdienst. Seine Konkurrenz hält das natürlich für einen reinen Verlust, aber Song weiß es besser, und er lobt Gott dafür, dass sein Geschäft blüht.

gegenüberliegenden Straßenseite wurden vollständig zerstört, und die Flammen kamen auch an sein Grundstück heran. Sogar das Dach wurde leicht beschädigt. Aber als er Gott um Schutz anflehte, drehte plötzlich der Wind. Wie durch ein Wunder wurde sein ganzes Anwesen gerettet. Gerne erzählte er nun von der Macht und dem wachen Auge seines fürsorgenden himmlischen Vaters.

John schrieb:

»Wir hatten eine glückliche Zeit zusammen mit Mr. Pao. Am Sonntag waren wir unterwegs, verteilten Traktate und redeten mit den Menschen in ihren Häusern. Am Abend fand dann noch eine sehr gut besuchte Versammlung statt. Aber der große Tag war der Sonntag. Am Morgen hatten wir eine Anbetungsversammlung, und im Anschluss daran feierten wir das Mahl des Herrn. Der Herr hat uns wirklich reich gesegnet! Nachmittags hatten wir zuerst eine Stunde in der Straßenkapelle, dann hielten wir zwei große Freiluftversammlungen ab, und abends gab es wieder eine große und aufmerksame Zuhörerschaft in der Straßenkapelle. …
Unser Rückweg machte uns ganz besonders froh. Betty hätte ja schon mit Mrs. Pao unterwegs sein können, hatte aber bei den Freiluftversammlungen und bei den Kindern mitgeholfen, sodass unsere Herzen schon voll des Lobes waren. Aber am Montag boten sich noch weitere Möglichkeiten. Wir brauchten fast sechs Stunden für die rund fünfzehn Kilometer Fußmarsch nach Hause, wobei wir unterwegs immer wieder bei verschiedenen Gruppen anhielten. Es war wirklich wunderbar. In einer Stadt, wo wir zum Mittagessen Pause machten, konnten wir eine gute Freiluftversammlung durchführen. Als wir schließlich wieder in Xuancheng ankamen, waren alle Traktate verteilt und alle Evangelien verkauft – und unsere eigenen Herzen waren voll des Segens.«

Während des chinesischen Neujahresfestes, wenn die Leute freibekommen, um den einzigen jährlich wiederkehrenden Feiertag zu begehen, konnte Betty eine längere Reise in den Distrikt unternehmen, der ihr ganz besonderes Arbeitsgebiet sein sollte. Es lag rund einhundert Kilometer südwestlich von Xuancheng und stellte sich als eine reizvolle Gebirgsregion heraus mit vielen Städten und Dörfern entlang der fruchtbaren Täler. Da dies der Distrikt war, in dem ihr kurzer missionarischer Dienst bald seinen Abschluss finden sollte, ist der Besuch vom Februar 1934 ganz besonders interessant und herzergreifend.

Das Zentrum der Arbeit sollte die Kleinstadt Jingde sein, wo sie sich eine Woche lang bei Mr. und Mrs. S.J. Warren aufhielten, die im Begriff standen, einen Heimaturlaub anzutreten. Es war früher eine wohlhabende Stadt gewesen, ein beliebter Wohnort vornehmer Familien im Dienst des Kaisers, doch all dieser Glanz gehörte längst der Vergangenheit an. Der Taiping-Aufstand, der den Distrikt in der ersten Hälfte des 19. Jahrhunderts fast menschenleer machte, hatte Jingde zum großen Teil in Trümmer gelegt. Betty schrieb:

> »Das Grundstück hier ist durch und durch typisch chinesisch, dabei aber groß und geräumig. ... An christlichem Leben gibt es noch nicht viel zu sehen, aber es gibt ein paar Lichtblicke, und unsere Hoffnung ist ja sowieso Gott. Sonst würden wir den Versuch dieser Arbeit gar nicht wagen. ... Überall gibt es Landsitze der Ahnen, und ihre Verehrung zusammen mit dem starken Sippenverbund wird das größte Hindernis sein – immer abgesehen von uns selbst.
> Wir genießen die Landschaft um uns herum in vollen Zügen, und doch sehen wir nur ein weiteres Beispiel dafür, dass bei aller Schönheit für das Auge der Mensch ein niederträchtiges Wesen ist. ... Verglichen mit anderen Orten leben die Menschen hier in größerer Annehmlich-

keit, haben besseres Essen und sind vielleicht auch selbstgefälliger. Viele haben hier alte Häuser mit mehreren großen Räumen, wunderschön geschnitzten Balken und anderen Holzteilen. Auch in den Gasthäusern in Richtung Süden haben wir selten einmal Flöhe oder ähnliche Schädlinge gesehen – etwas, wovon man im Norden nur träumen kann. Hübsche Steinbrücken führen über Bäche mit klarem Wasser. Die Reisfelder überall sind malerisch, was auch für die hohen grasbewachsenen Berge und die blauen Gipfel im Dunst der Ferne gilt.
Betet doch bitte dafür, dass hier ein Werk anfangen kann. An der Vorderseite unseres Geländes haben wir eine schöne Straßenkapelle, und auf der Rückseite befindet sich ein behaglich eingerichtetes Fleckchen, das aus einem der alten chinesischen Häuser entstanden und jetzt renoviert und eingezäunt ist.«

Zu den Lichtblicken, von denen Betty sprach, gehörten die Außenstation von Miaosheo, in rund fünfzehn Kilometer Entfernung auf der anderen Seite des Gebirges gelegen, und eine christliche Familie dort, welche die jungen Missionare mit aller denkbaren Freundlichkeit willkommen hieß. Miaosheo und der Evangelist Lo, von dem John in dem nachstehenden Brief schreibt, sind Namen, die für alle Zeiten in die Annalen des christlichen Heldentums eingehen werden.

»Am Samstagmorgen kamen wir nach Miaosheo, wo der Evangelist Mr. Lo – mit dem ich zusammenarbeiten soll – sein Zuhause haben wird. Es war nur eine kurze Reise von rund fünfunddreißig *Li* (etwa 20 km), aber unbeschreiblich schön. Ein Teil der Strecke führte durch ein Tal, das sich durch mit Bäumen bestandene Hügel windet. Es ließ sich gut laufen, weil ein großer Teil des Weges über Steinplatten führte. … Die meisten Christen in Miaosheo leben draußen auf dem Land, und gerade jetzt braucht die Gemeinde wirklich eine Wiederbelebung. Betet für sie

> sowie für Mr. Lo, der als ihr Pastor fungieren wird, wenn er zu Hause ist.
> In Miaosheo waren wir im Haus von Mr. Wang untergebracht, dem ersten Christen in diesem Landesteil. Vor etlichen Jahren kam einer unserer jetzigen Missionsdirektoren mit seiner Frau durch diesen Distrikt. Bei Einbruch der Nacht erreichten sie Miaosheo und sahen sich nach einem Nachtlager um. Während Mrs. Gibb noch in ihrer Sänfte saß, fing Mr. Gibb an, auf der Straße zu predigen. Mrs. Wang war eine von denen, die ihm zuhörte. Sie lief, um ihren Mann zu holen, und beide nahmen sie die Wahrheit an, obwohl sie sie erst einmal gehört hatten. An jenem Abend luden sie Mr. und Mrs. Gibb zu sich nach Hause ein. Als man später einmal Mrs. Wang fragte, ob sie dem Evangelium glaube, antwortete sie: ›Kann man denn anders als glauben, wenn einem von so einer wunderbaren Liebe erzählt wird?‹«

Der Sonntag in Miaosheo war ein schöner Tag. Die Christen kamen mit großem Interesse herbei, um die neuen Missionare zu treffen. Zu gern wären John und Betty bei ihnen geblieben, aber sie mussten noch einige weitere Orte besuchen, bevor sie nach Xuancheng zurückkehren konnten. Die Reise dauerte insgesamt vierundzwanzig Tage und führte sie auch über einen hohen Gebirgspass in die Provinz Zhejiang. Ein kleiner Teil dieser Provinz lag in ihrem Arbeitsgebiet.

> »Diese Reise führte mitten hinein ins Gebirge. Die Täler wurden deutlich enger, und die Pässe, die wir überwinden mussten, lagen noch höher. Der größte Teil der Strecke war eine gute Steinstraße. Um die Mittagszeit fing es an zu regnen, sodass wir die Hälfte der Strecke in strömendem Regen zurücklegten. Es war trotzdem schön, denn der Pfad führte immer wieder um die Gebirgsrundungen, hoch über dem schäumenden Bach in der Tiefe und mit kleinen strohbedeckten Häusern und Maislichtungen

noch weiter oben in den Bergen. An jenem Abend hatten wir eine gute Versammlung in der Stadt Chiki.

Am nächsten Tag setzten wir unsere Reise fort zum Haus unseres Pastors Cheng und seiner Familie in Zhejiang. … Rund achtzehn Gemeindeglieder waren anwesend, und es war schön, sie die Lieder mit ihren eigenen Melodien singen zu hören. Am Nachmittag gab es einen Taufgottesdienst, den der Pastor durchführte. Es war interessant, seinen alten Vater zu treffen.«

Vor vielen Jahren war ein Hausierer durch diese Gegend gezogen, und der alte Mr. Cheng, damals als Lehrer tätig, hatte eines der Evangelien zusammen mit dem Buch der Apostelgeschichte gekauft. So manche Stunde hatte er aufmerksam lesend mit diesem Büchlein verbracht, bis er die Überzeugung gewann, eine Botschaft von dem wahren Gott in Händen zu halten. Einige Zeit später kam der Hausierer wieder einmal vorbei, und Mr. Cheng fragte voller Erwartung, ob es denn von diesen Geschichten nicht noch mehr gebe. Beim Lesen war ihm deutlich geworden, dass er nur einen Teil eines umfangreicheren Buches hatte. Ja, sagte der Hausierer, er würde ihm den Rest auch noch besorgen. Auf diese Weise kam Mr. Cheng in den Besitz einer kompletten Bibel. Welch ein großer Schatz, der nun in diesen entlegenen Tälern Einzug gehalten hatte!

Der alte Mann hatte manche Erfahrungen der Verfolgung, aber auch der wunderbaren Gebetserhörungen gemacht und stand noch immer fest im Glauben. Durch sein Zeugnis waren nicht wenige Menschen zu Christus geführt worden.

»Es war eine Freude, wenn man ihn in den Versammlungen sitzen sah – herausgeputzt mit einem gar nicht chinesischen Mantel mit weiten Ärmeln, einem zerknautschten und gar nicht chinesischen Hut und einer randlosen Brille. Den Kopf hatte er in den Nacken geworfen, und er sang aus voller Kehle. Warum sollte er in ein Buch sehen? Er schien alle Lieder auswendig zu können!«

Nachdem sie dieses Dorf hinter sich gelassen hatten, stand ihnen eine gefährliche Reise über hohe Gebirgspässe bevor. Der Aufstieg – Betty legte die ganze Strecke zu Fuß zurück – war schon schwer genug, aber der Weg nach unten auf der anderen Seite war noch steiler. Zuerst war es ihr lieber, selbst zu Fuß hinunterzuklettern, weil sie nicht das Risiko auf sich nehmen wollte, aus dem Tragstuhl zu rutschen. Da der Abstieg sich aber über mehr als drei Kilometer hinzog, konnte man sie schließlich doch dazu überreden aufzusteigen.

John schrieb hinterher:

> »Glaub mir – ich habe gebetet, als ich hinter ihr herging! Wo der Pfad eine Kehre beschrieb, war der vordere Träger oft schon sehr weit unten und der hintere noch weit oben – wobei Betty in ihrem Tragstuhl dann über dem Abgrund schwebte! Ich folgte dem hinteren Träger dicht auf den Fersen, und einmal musste ich meinen Stab wegwerfen und die Tragestangen mit anfassen, als er ins Rutschen kam. Ich habe wirklich einen Seufzer der Erleichterung ausgestoßen, als wir unten ankamen. Es war ein harter und langer Tag – von halb acht morgens bis sieben Uhr abends.«

Der nächste Tag jedoch bot ihnen eine Entschädigung für die Mühe. Als sie den Fluss erreichten, konnten sie für den Weg nach Xuancheng ein Boot mieten. John schrieb dazu:

> »Das war ein echter Trost – und die Bootsplanken waren aus echtem Holz! Und in unserem Bettzeug konnten wir komfortabel schlafen und lesen, bis wir endlich am Abend zu Hause ankamen. Lobt den Herrn dafür, dass er uns bewahrt und uns eine gute Gesundheit und Verfassung geschenkt hat. Und lobt ihn für den Dienst, den er uns aufgetragen hat. Es ist ein ernster Gedanke, dass wir vor Gott die Verantwortung dafür tragen, dass das Evangelium in dieses große Stück unserer Provinz Anhui und in einen

> Teil von Zhejiang kommt. In den Tälern liegt ein Dorf neben dem anderen. Wie sehr wünschen wir uns, dass der Herr in jedem einzelnen davon eine Versammlung wahrer Anbeter hätte!«

Danach konnte Betty nicht mehr viel reisen. Eine neue Hoffnung ließ die Zukunft in einem hellen Licht erstrahlen.

Bettys Schwester, Mrs. Mahy, schrieb:

> »Ich kann mich noch lebhaft an zwei Dinge aus Bettys und Johns letztem Jahr erinnern. Das eine ist die lange Predigtreise zu Fuß, die sie durch die Berge zurücklegten. … Sie waren darüber so unglaublich glücklich und froh gestimmt, auch weil sie die Reise gemeinsam machen konnten. Vater und Mutter hatten sich allerdings doch gesorgt, weil sie fürchteten, die Tour würde für sie zu viel werden. Das andere, woran ich mich noch gut erinnere, sind die Vorfreude auf und die Vorbereitungen für die Kleine. Während der Monate vor der Geburt musste ich feststellen, dass Betty sich mit mehr Liebe und Gewissenhaftigkeit auf die Kleine vorbereitete, als ich für meine beiden Kinder zusammen. Sie und John erwogen viele unterschiedliche Namen für das Baby, und ihre Briefe überströmten von Liebe für sie. … Diese Briefe habe ich wohl mit noch mehr Interesse gelesen als die Briefe über ihre evangelistischen Reisen.«

Die kleine Helen Priscilla

In dem schönen Krankenhaus der Methodisten in Wuhu, mit Blick auf weite Teile des Jangtse, betrat die kleine Helen Priscilla diese Welt am 11. September 1934. Sie war von Anfang an ein hübsches Baby. Ihr Vater, den man gewarnt hatte, er dürfe nicht zu viel von einem Neugeborenen erwarten, schrieb freudig überrascht:

> »Ihr solltet nur einmal unsere Tochter sehen! Sie ist wirklich zu süß ..., und sie würde es zum jetzigen Augenblick mit jeder Babyschau aufnehmen, was ihr Aussehen betrifft.«

Ein paar Wochen später schrieb Betty ihren ersten Brief an Johns Familie zu Hause in Paterson:

> »Das Baby sieht ganz wie John aus, das sagen fast alle. Es hat seinen Mund und sein Kinn. Die Augen sind tiefblau und sehr groß, und das Gesicht ist so süß und rund! Helen hat viele dunkle Haare, die lockig werden, wenn man sie nass macht. Wir können nicht sagen, dass sie nie schreien würde ... aber nachts schläft sie fest von zehn bis sechs – und meistens sogar von sechs bis zehn.«

Als die kleine Helen drei Wochen alt war, bekam sie Besuch von ihrer Großmutter, die den weiten Weg von Jinan gekommen war, um sie willkommen zu heißen. Mrs. Scott blieb so lange, bis Betty sich wieder erholt hatte und sich selbst um die Kleine kümmern konnte. Jetzt, wo das Baby ihrer Obhut allein anvertraut war, schrieb die besorgte junge Mutter:

> »Nun wiegt das Baby 4170 Gramm. Es macht große Freude, die Kleine zu umsorgen. Ständig frage ich mich, ob es ihr zu warm oder zu kalt ist, und laufe immer wieder

zu ihr, um ihre Hände und Füße zu fühlen. Sie lässt ihre Arme nicht unter der Decke, deshalb ziehe ich ihr noch ein extra Strickjäckchen mit der Vorderseite nach hinten über. Gestern Abend schrie und trat sie so stark, dass ich dachte, sie wäre launisch. Wenn irgendjemand sie aufnimmt, ist sie sofort ruhig und zufrieden, und in ihrem Gesicht kann man den leichten Vorwurf ablesen: ›Warum bist du nicht schon früher gekommen?‹ Wir werden also sehr streng mit ihr sein müssen.«

Zu diesem Zeitpunkt war John wieder zurück im Jingde-Distrikt.

»Ich wusste, dass er voll fiebriger Ungeduld war, weil er die Christen besuchen, etwas über die Lebensumstände herausfinden und bei diesem herrlichen Wetter das Evangelium weitersagen wollte.«

Es war eine große Freude, dass er wieder bei den Wangs in Miaosheo sein konnte. Allerdings musste er feststellen, dass der lange und heiße Sommer die Ernte weitgehend zerstört hatte. Mrs. Wangs Empfang war so herzlich wie immer. Einer seiner früheren Briefe gibt uns einen Einblick in ihr Heim:

»In Miaosheo war ich wieder bei der guten alten Mrs. Wang untergebracht, von der ich schon früher geschrieben habe. … Ihr Mann war ein echter Mann Gottes. Ein- bis zweimal im Monat ging er nach Chiki, um dort am Gottesdienst teilzunehmen. Da er über dreißig Kilometer zu Fuß zurücklegen musste, machte er sich schon am Samstag auf den Weg, blieb den ganzen Sonntag über und ging am Montag wieder zurück. Sogar während der Zeit der Reispflanzung, wenn es am meisten zu tun gab, ließ er sich nicht davon abhalten. Ihr Haus ist eine von den großen, alten Villen hier, die jetzt nur noch sehr wenig wert sind. Während des Taiping-Aufstands wurden nämlich große Teile der Bevölkerung umgebracht. Wenn ich bei

Mrs. Wang bin, lebe ich wie die Made im Speck – sie hält ihr Haus immer sehr sauber und kocht ein vorzügliches Essen. Sie weiß, was der Ausländer mag und was gut für ihn ist. Sie weicht einem nicht von der Seite – eben wie eine richtige gute, alte Großmutter.

Nachdem ich das Heim der Familie Li mit ihren vielen Auseinandersetzungen kennengelernt hatte, war es eine Freude, Mrs. Wang und ihre Schwiegertochter zusammen zu sehen. Als ich beim Anbruch der Kühle eines Abends sah, wie die jüngere der beiden Frauen lief, um einen Umhang zu holen, und ihn der älteren Frau umlegte, sah ich darin einen tiefen Ausdruck von gegenseitiger Liebe und Respekt. … Gern erinnere ich mich an die Zeiten der gemeinsamen Familienandacht dort. Wie gut sie zuhörten, als wir Psalm 22, 23 und 24 behandelten und uns mit dem Thema des zweiten Kommens des Herrn beschäftigten! Ich habe nicht nur die Gemeindeglieder besucht, sondern auch manche gute Gelegenheit auf der Staße von Miaosheo gehabt, indem ich Traktate verteilte, Evangelien verkaufte und Zeugnis geben durfte für den Herrn. Was haben wir doch für ein wunderbares Evangelium!«

John wurde auf dieser Reise von Mr. E.A. Kohfield begleitet, während Betty und die kleine Helen in Wuhu blieben. Dabei verfolgten sie zwei Ziele. Sie planten einen gemeinsamen Vorstoß in der Missionierung ihrer Arbeitsgebiete, war doch Mr. Kohfields Missionsstation von Jingde aus die nächste in südlicher Richtung. Zum anderen wollten sie sich umfassend über die Kommunisten dort sowie den Stand der Ernte informieren. Große Mengen von Soldaten waren als Regierungstruppen in den Distrikt gekommen, um das südliche Anhui gegen die kommunistischen Kräfte zu schützen, die aus ihren Hochburgen in der Nachbarprovinz verdrängt worden waren. Aber die Anwesenheit der Truppen erschwerte die Lebensbedingungen – die fast einer Hungersnot gleichkamen – noch mehr, sodass sich große Unruhe breitmachte. Mr. Kohfield war genauso daran interessiert, nach Tunxi zurückzukehren, wie John gern seinen Platz in Jingde einnehmen wollte. Mr. W.J. Hanna (der Superintendent der *China-Inland-Mission*) jedoch hatte verlangt, dass man an Ort und Stelle zuerst herausfinden müsse, ob dies auch vernünftig und sicher genug sei. Mr. Kohfield schrieb:

> »Wir haben auf der ganzen Strecke bis Kinghsien sorgfältig Nachforschungen angestellt, und obwohl an dem einen oder anderen Ort über Unruhen berichtet wurde, sah es so aus, als gäbe es keine Gefahr durch heranrückende kommunistische Kräfte. Von Kinghsien zogen wir weiter bis Miaosheo, wo wir am 24. Oktober ankamen. Auch hier war nicht die Rede von irgendwelchen gefährlichen kommunistischen Aktivitäten. Am 25. Oktober kamen wir in Jingde an, welches die Station ist, für die Mr. und Mrs. Stam vorgesehen sind. Kurz nach unserer Ankunft wurden wir zusammen beim Distriktsmagistrat, Mr. Peng, vorstellig. Er wandte sich zunächst an Mr. Stam und sagte, er solle lieber nicht sofort nach Jingde kommen. Während des Gesprächs jedoch äußerte er, dass es im Distrikt völlig ruhig sei und dass er seine Familie sicher dorthin bringen könne. Er sicherte den Stams auch den erforderlichen Schutz zu, sollten sie in Gefahr kommen.«

Über dasselbe Gespräch schrieb Mr. Hanna wie folgt:

> »Mr. Stam berichtete mir, dass es zwar wegen der Trockenheit und Nahrungsknappheit vereinzelt zu Banditentum und Diebstählen komme, es in dem Distrikt aber ansonsten ruhig sei. Er erzählte mir, der Magistrat habe zunächst bemerkt, dass es hier und da kleine Räuberbanden gebe. Als John dann antwortete: ›Dann ist es wohl besser, dass wir vorerst nicht hierherkommen‹, pflichtete der Magistrat ihm bei. Mr. Stam sprach dann davon, er wolle nicht das Risiko eingehen und auf Kommunisten treffen, wor-

aufhin Mr. Peng mit Nachdruck antwortete: ›Nein, nein. Von den Kommunisten geht hier keine Gefahr aus. Was das angeht, so können Sie Ihre Familie ruhig sofort hierherbringen. Ich garantiere für Ihre Sicherheit, und sollte es Probleme geben, können Sie in mein *yamen* kommen.‹«

Bezüglich ihrer weiteren Nachforschungen fährt Mr. Kohfield fort:

> »Als wir am 27. in Tunxi ankamen, trafen wir als einen der ersten dort den Distriktsmagistrat Mr. Lo, der uns unverzüglich zusicherte, es würde keine weiteren Schwierigkeiten geben. Wir könnten ohne Gefahr wiederkommen. ... Die Auskünfte, die wir von den Amtspersonen erhalten konnten, gingen alle in die Richtung, dass es sicher für uns sei, in den Distrikt zurückzukehren. Sie sagten uns ausdrücklich ihren Schutz zu.«

John war vorsichtig bei dem, was er tat. Aber er war auch ein wahrer Beter, hatte er doch jetzt neben der eigentlichen Arbeit noch seine liebe Frau und ein Kind, an die er denken musste. Er war also nicht leichtfertig zu demselben Schluss gekommen wie Mr. Kohfield, dass es nämlich keine ausreichenden Gründe gab, warum sie ihre Arbeit im südlichen Anhui nicht wieder aufnehmen sollten. Mr. Hanna billigte die eingeschlagene Richtung, nicht jedoch, ohne den Distrikt vorher persönlich besucht zu haben.

Was die Missionarbeit in China angeht, so gilt ohne Zweifel heute wie damals: »Wer auf den Wind achtet, wird nie säen, und wer auf die Wolken sieht, wird nie ernten.« Dieses riesige Land macht immer wieder Zeiten großer Veränderungen und tiefer Unruhe durch. Wenn wir warten, bis alles ruhig ist, wie soll dann die heutige leidende Generation das Evangelium hören? Wir haben den unverändert selben Auftrag von dem, der sein Leben für uns gab: Matthäus 28,18-20. In diesem Zusammenhang können uns die Worte eines großen Heerführers zur rechten Perspektive verhelfen: »Sieh auf deinen Marschbefehl! Wie lautet der?«

John und Betty freuten sich also auf den nächsten Schritt. John schrieb an seinen Freundeskreis zu Hause:

»Ich weiß, dass ihr für uns betet, wenn wir jetzt nach Jingde gehen. In mancher Hinsicht hat der Herr auf wunderbare Weise unsere Gebete erhört. Wir haben einen vielversprechenden Koch, und die kleine einäugige Frau hat sich als eine gute Hilfe für Betty herausgestellt. Sie ist fleißig und sehr angenehm im Umgang. Soeben hat sie uns mit einem Paar wunderschön bestickter Schühchen für das Baby überrascht. Ich wünschte, ihr könntet sie sehen! Betet dafür, dass der Herr die Herzen in Jingde vorbereitet und dass wir jede sich bietende Gelegenheit ergreifen und mutig eintreten für unseren Gott. Betet auch für Mr. Lo, der nach Miaosheo geht. Seine Frau neigt eher zur Ängstlichkeit. Betet, dass sie und wir die Wahrheit dieses Wortes kennen: ›Gott hat uns nicht einen Geist der Furchtsamkeit gegeben, sondern der Kraft und der Liebe und der Zucht.‹[16] Lobt Gott dafür, dass wir ein solches Evangelium haben, das wir verkündigen sollen. Hört bitte nicht auf zu beten. Auf unserer Reise mussten Kohfield und ich immer wieder feststellen, wie der Herr sich unser annahm und dafür sorgte, dass sich alles zum Guten wandte.«

Bevor sie von Wuhu abreisten, ereignete sich etwas, das uns die Herzenshaltung des jungen Paares zu jener Zeit deutlich vor Augen führt. Niemand wusste davon, und es wurde nur durch einen Eintrag in Bettys Tagebuch bekannt, das man nach ihrem Heimgang fand:

»John und ich haben Briefmarken im Wert von 37,50 Dollar verbrannt – zur Entschädigung der chinesischen

16 2. Timotheus 1,7.

> Staatspost, die wir unabsichtlich betrogen haben. Wir hatten nämlich mit amerikanischen Briefmarken frankierte Umschläge in Briefe gesteckt, die wir in die Heimat schickten.«

Es war natürlich viel billiger, mit amerikanischen Briefmarken versehene Briefe anderen Sendungen beizulegen, als das volle chinesische Porto für jeden einzelnen Brief zu entrichten. Und eine ganze Zeit lang hatten die Stams gar nicht gewusst, dass es den behördlichen Vorschriften widersprach. Aber sobald sie sich dessen bewusst wurden, entschieden sie sich zur Rückzahlung der vollen Summe, indem sie den entsprechenden Wert an chinesischen Briefmarken bezahlten. Ein Strohhalm zeigt an, in welche Richtung das Wasser fließt; und dieser anderen Menschen verborgen gebliebene Akt der Wiedergutmachung ist ein solcher Strohhalm, ein beredtes Zeugnis dafür, dass sie wünschten und beabsichtigten, vor Gott in jedem Detail des Alltags vollkommene Ordnung zu haben.

Auf dem Weg nach Jingde hatten die Stams die Freude, Helen ihren Freunden in Xuancheng vorzustellen.

John schrieb:

> »Nun, da sind wir wieder in unserem alten Revier, und wir fühlen uns außerordentlich wohl hier. Unsere Sachen sind alle gepackt und warten darauf, rund 110 Kilometer weit bis nach Jingde gekarrt zu werden.
> Augenblicklich haben wir hier in Xuancheng eine Kurzzeitbibelschule, und der Herr schenkt seinen Segen dazu. Einige der Versammlungen unter Leitung der chinesischen Lehrer habe ich sehr genossen. Was Miss Jean Yao über die Stiftshütte sagte, war gut, und das Gleiche gilt für Miss Kiang über den Hebräerbrief.«

Da dies ihre letzte Berührung mit anderen Missionaren und chinesischen christlichen Leitern war, ist es besonders aufschlussreich, einen Blick auf den Ort zu werfen, den John und Betty so in ihr Herz geschlossen hatten. Ein Brief von Mrs. G.A. Birch aus Xuancheng, in deren Haus sie während ihres Besuchs untergebracht waren, zeigt uns Einzelheiten, die für uns von Interesse sind:

»Wie herzerfrischend ist die Erinnerung an unsere Lieben, Betty und John! Wir danken Gott bei all unserer Erinnerung an sie, so sehr waren sie voll von der Liebe Christi und so sehr war ihr Leben ein Abglanz seiner Gegenwart. Es war ein Vorrecht, dass wir unser Heim einige Monate lang hier mit ihnen teilen durften.

Betty war sehr lieb und immer glücklich! Sie hatte ein freundliches Wesen. Kein Wunder, dass John sich in sie verliebte! Unser zwei Jahre alter David hatte sie sofort ins Herz geschlossen. Er bewunderte Tante Betty. Wenn sie mal nicht zu Hause war, wollte er immer wissen, wo sie sich gerade aufhielt. Alles, was ihn als Kleinkind interessierte, vertraute er ihr an. Jetzt weiß er, dass die liebe Tante Betty und Onkel John im Himmel bei dem Herrn Jesus sind und dass sie dort sehr glücklich sind. Als er davon hörte, wünschte er, der Herr Jesus würde ihn auch in den Himmel holen. David ist ein glühender Verehrer der kleinen Helen.

Den Chinesen gegenüber war Betty sehr liebenswürdig. Weil sie nicht so stark war, ging sie nicht sehr viel weg. Aber wenn Frauen oder Mädchen zu ihr kamen, konnten sie sich eines herzlichen Empfangs sicher sein. Sie mochten Betty einfach. Lange nach ihrem Weggang aus Xuancheng fragten die Schülerinnen noch nach ihr.

John war einer der feinsten Christen, die wir je getroffen haben. Es war ein Vorrecht, seine Gemeinschaft in unserer Arbeit zu haben. Die Chinesen waren ganz besonders von ihm angetan. Jeder, ob alt oder jung, ob Christ oder Heide, mochte ihn. Die Christen waren der Meinung, er wäre der ideale Missionar, weil er vor allem erfüllt von der Liebe des Christus war und die Chinesen auch sehr lieb hatte. Er interessierte sich für ihren Alltag und war bereit, ihnen zu helfen, wann immer er konnte. Er gab jedem das Gefühl, gewollt zu sein und dass er für jeden Zeit hatte. Er war treu im Weitersagen des Evangeliums und in seiner Hilfsbereitschaft den Christen gegenüber, wann immer es ihm möglich war.

Wir waren so froh, dass wir sie neun Tage lang bei uns haben durften, als sie im Herbst auf dem Weg nach Jingde waren. Als sie hier ankamen, war gerade die Kurzzeitbibelschule im Gange, und die Christen vom Land und aus der Stadt waren froh, dass sie Betty und John wiedersehen konnten. John trug Helen Priscilla stolz hinüber zur Kapelle, um sie seinen chinesischen Freunden zu zeigen.

An jenem Sonntag, als Betty und John bei uns waren, hatten wir einen chinesischen Gottesdienst unter der Leitung von Rev. H.A. Weller aus Anqing. Während dieses Gottesdienstes wurden die kleine Helen und John, unser eigenes Baby, gesegnet. … John trug Helen und hielt sie so lange, bis Mr. Weller sie auf die Arme nahm. Dann gab Mr. Weller sie weiter an Betty. Helen benahm sich erstklassig und sah in ihrer pinkfarbenen Mütze sehr süß aus. Es war ein wunderschöner Gottesdienst.

Es war herrlich, dass wir noch einmal ein paar Tage mit Betty verbringen durften. Ich habe sie sehr genossen. Sie war eine liebe und praktisch veranlagte Mutter. Es war schön mitanzusehen, wie sie sich um die kleine Helen kümmerte. Unsere liebe Betty war Gold wert, durch und durch liebenswürdig und freundlich.«

John schrieb über diesen Segnungsgottesdienst:

»Es war sehr eindrucksvoll und sehr gesegnet. Das Benehmen der beiden Babys war tadellos. Unsere kleine Helen hatte ihren Spaß, als sie wach war. Mr. Wellers Gebet war, dass sie wie die Priscilla in der Bibel sein möchte: eine Hilfe für die Gemeinde, eine Dienerin der Heiligen. … Ihr chinesischer Name, Ai-lien, bedeutet ›Liebesband‹. Sie ist wirklich ein Schatz.«

Sei es durch Leben oder durch Tod

Von diesem Zeitpunkt an gibt es nicht mehr viele Briefe. Aus Jingde schrieb John an Mr. Gibb:

> »Wir loben den Herrn für das Vorrecht, dass wir hier sein dürfen. Im Augenblick scheint es in der Region recht ruhig zu sein, obwohl man ab und zu hört, dass auf dem Land wiederholt Reis gestohlen wird. … Was unsere Arbeit angeht, so beten wir zum Herrn, dass er uns hilft, weise und wahrhaftige Bauleute zu sein. Wir fangen hier ja sozusagen bei null an.«

Sie wohnten in einem großen alten chinesischen Haus, das man für eine Missionarsfamilie umgebaut hatte. Ihr Koch und ihre Bedienstete waren treue Freunde, und nachdem man ein paar Öfen im Haus aufgestellt hatte, war die Winterkälte auch leichter zu ertragen. Sie waren Ende November in Jingde angekommen, und da sie nur wenige persönliche Sachen mitgebracht hatten, dauerte es auch nicht lange, bis sie sich eingerichtet hatten. Es war eine große Freude für sie, dass sie jetzt ihr eigenes Zuhause an einem Ort hatten, wo so dringend Zeugen für Christus gebraucht wurden.

Als Betty noch am College war, hatte sie einem ihrer jüngeren Brüder geschrieben:

> »Niemand kann einen einzigen Menschen, ob er ein sogenannter Christ oder ein Heide ist, dazu zwingen, zu Christus zu kommen. Was die Nachfolger Jesu allein zu tun haben (und mehr können sie auch nicht tun), ist, Christus vor den Augen der Welt groß zu machen; ihn in die dunkelsten Orte und in die schmutzigsten Winkel der Erde zu tragen, wo er noch unbekannt ist; ihn dem Fremdling vorzustellen; mit jedermann über ihn zu reden und

so nah bei ihm und in ihm zu leben, dass die anderen es sehen können. Wenn ein Mensch so ist, wie Jesus war, liefert er den Beweis dafür, dass es diesen Jesus wirklich gibt. Und so zu leben, das ist alles, um was der Herr uns bittet. Er selbst wird das Übrige tun.
Jesus ist nämlich nicht tot. Er ist noch immer zu jeder Zeit auf der Erde und gleichzeitig im Himmel. Er versteht es, auf jede mögliche Weise die Menschen anzusprechen, und er ist heute noch viel mächtiger als während seines Lebens auf der Erde vor so langer Zeit. Er ist noch immer aktiv damit beschäftigt, dass die ganze Welt zur Errettung kommt. Aber er kann erst dann ein Menschenherz anrühren, wenn es ihn einlässt und ihm die Gelegenheit gibt, zu ihm zu reden. Aber es kann ihn niemand hereinlassen, wenn er nicht zuvor von ihm gehört hat. Und dort setzt unser Dienst ein. Wir müssen dem Fremdling Christus vorstellen. Allerdings ist an seiner Seite dann keiner mehr ein Fremdling, denn Jesus kennt und liebt jeden Einzelnen.«

Anderen Menschen Christus vorstellen und ihn so im Leben wirken lassen, dass die Welt um einen herum nicht anders kann, als Jesus zu sehen – das war Bettys Ziel, jetzt noch mehr als früher. In ihrem Heim waren sie glücklich gewesen, und dort hatte Christus wahrhaftig gewohnt. Vom Fußboden dieses Hauses in Jingde hob man kurze Zeit später ein Stück Papier mit den folgenden Zeilen auf, die mit ihrem Mädchennamen Elisabeth A. Scott unterzeichnet waren.

Open my eyes, that I may see
This one and that one needing Thee,
Hearts that are dumb, unsatisfied,
Lives that are dead, for whom Christ died.

Open my eyes in sympathy,
Clear into man's deep soul to see;

Wise with Thy wisdom to discern,
And with Thy heart of love to yearn.

Open my eyes in faith, I pray;
Give me the strength to speak today,
Someone to bring, dear Lord, to Thee:
Use me, O Lord, use even me.

Öffne meine Augen, dass ich sehen kann:
Diesen und jenen, der dich braucht,
Herzen, die leer und unbefriedigt sind,
Menschen, die tot sind, und für die Christus starb.

Öffne meine Augen, lass sie Mitleid haben
und klar in die Tiefe der Seelen sehen;
lass sie erkennen, mit deiner Weisheit erfüllt,
lass sie sehnen mit deinem Herzen der Liebe.

Öffne meine Augen mit Glauben, das bete ich;
gib mir die Kraft für die richtigen Worte heute,
damit ich, lieber Herr, dir eine Seele bringen kann:
Gebrauche mich, o Herr, ja, gebrauche du auch mich.

Und so kam das Ende, völlig unerwartet und doch auf Gottes wunderbare Weise vorbereitet. Am letzten Tag, den sie zusammen in ihrem Heim verbrachten (5. Dezember), schrieb John an seine Freunde in Paterson:

> »Es kommt immer anders als erwartet. … Der Herr schenke uns Zufriedenheit, wie er uns heute auch führen mag. Ob sich unsere Hoffnungen erfüllen und wir lernen oder arbeiten können, oder ob nichts daraus wird – möge er uns helfen, dass wir uns mit seinen Plänen für den jeweiligen Tag zufriedengeben, so wie er es uns zeigt. Wie war das noch mit dem ›Schauspiel‹?[17] Im Chinesischen drückt

17 1. Korinther 4,9.

man es so aus (wie auch im griechischen Original), dass wir zu einem ›Theaterstück‹ gemacht worden sind, das sich andere Menschen ansehen. Wenn von euch jemand einmal aufs Missionsfeld kommt, dann wird er verstehen, was damit gemeint ist. Alles, was man anzieht oder isst, alles, was man sagt oder tut, wird aufs Genaueste geprüft und wortreich kommentiert. Deshalb ist das Gebet zu Gott so wichtig, dass er seinen Missionaren hilft, zu jeder Zeit ein helles Licht für ihn zu sein.«

Kurze Zeit zuvor hatte John für die von den Schülern in Anqing zusammengestellte Osterzeitung eine kurze Andacht über einen Abschnitt (Johannes 12,24-28) geschrieben, der ihm immer wieder durch den Sinn gegangen war. Er hatte sich mit dem geschichtlichen Zusammenhang dieser Worte beschäftigt: »Wenn das Weizenkorn nicht in die Erde fällt und stirbt, bleibt es allein; wenn es aber stirbt, bringt es viel Frucht.« Dabei war er zu der bedeutungsvollen Aussage Jesu gekommen: »Jetzt ist meine Seele bestürzt. Und was soll ich sagen? Vater, rette mich aus dieser Stunde? Doch darum bin ich in diese Stunde gekommen. Vater, verherrliche deinen Namen!« Er selbst hatte viel Trost und Kraft aus der Bedeutung dieser Worte geschöpft: »Darum bin ich in diese Stunde gekommen.«

»Es ist gut, wenn wir uns in unserem Leben immer wieder an den Segen der Wahrheit erinnern, dass Gott alles im Blick hat und die Übersicht nicht verliert. Ob wir gerade Leid oder Freude erleben, ob wir gerade viel Arbeit und große Verantwortung haben oder Ruhe und freie Zeit genießen, was uns auch gerade bevorsteht – wir sollten zu jeder Zeit innehalten und sagen können: ›Darum bin ich in diese Stunde gekommen.‹ Unser familiärer, gesellschaftlicher und gemeindlicher Hintergrund, unsere bewusst oder unbewusst wahrgenommene Ausbildung diente dazu, uns auf die augenblicklichen Umstände vorzubereiten und sie zur Ehre seines Namens anzunehmen. Dann besinnen wir uns wieder auf unsere Pflichten, stellen mit Erleichterung fest, dass wir uns nicht verstecken müssen oder uns entmutigen lassen dürfen. Uns wird wieder bewusst, dass er, der einen Wurm gebraucht, um Berge zu dreschen,[18] auch uns gebrauchen kann. ›Darum bin ich in diese Stunde gekommen. Vater, verherrliche deinen Namen!‹«

So waren John und Betty doch nicht unvorbereitet, als die Truppen der Roten Armee plötzlich und ohne Vorankündigung die Stadt Jingde am 6. Dezember angriffen und einnahmen. Auf wenig begangenen Pfaden hatten sie das Gebirge überquert und waren hinter den rund hundert Kilometer südlich gelegenen Regierungstruppen eingefallen. Ohne Vorwarnung hatte ihre Vorhut die Stadtmauer überwunden und die Tore aufgestoßen. Es war früher Morgen, und Betty badete gerade die kleine Helen, als der erste Bote ankam und ihnen von der drohenden Gefahr berichtete. Ein zweiter und ein dritter Bote folgten kurz darauf. Der Distriktmagistrat hatte nur kurz und erfolglos Widerstand geleistet und war geflohen. Tragestühle und Lastträger wurden eilends herbeigeholt, aber bevor sie fliehen konnten, hörte man Schüsse auf der Straße. Die Plünderung der Stadt hatte begonnen.

John und Betty knieten mit ihren treuen Bediensteten nieder. Sie waren sehr gefasst, und selbst als die Roten an die Tür schlugen, öffnete man ihnen ruhig und höflich. Während John mit den Anführern sprach und versuchte, ihre Forderungen nach Geld und Gut zu erfüllen, servierte Betty ihnen Tee und Gebäck. Aber Höflichkeit war genauso zwecklos, wie wenn sie Widerstand geleistet hätten. John wurde gefesselt und zum Hauptquartier der Kommunisten geschleppt. Kurze Zeit später kehrten sie zurück, um auch Betty und das Baby abzuholen. Der Koch und die Bedienstete baten darum, mitgehen zu dürfen, und ließen sich erst davon abbringen, als die Roten drohten, sie zu erschießen.

---

18 Anspielung auf Jesaja 41,14.15 (Anmerkung des Übersetzers).

»Es ist besser, wenn ihr hierbleibt«, flüsterte Betty ihnen zu. »Wenn uns etwas zustößt, könnt ihr euch um das Kind kümmern.«

Stunden später, mitten in dem schrecklichen Blutvergießen, gelang es John, den folgenden Brief zu schreiben:

Jingde, 6. Dezember 1934

An die
China-Inland-Mission
Shanghai

Liebe Brüder,

meine Frau, das Baby und ich sind heute in der Stadt Jingde in die Hände der Kommunisten gefallen. Sie verlangen zwanzigtausend Dollar für unsere Freilassung.

Sie haben unseren ganzen Besitz und alle Vorräte mitgenommen, aber wir loben Gott für den Herzensfrieden, den er schenkt, und für die Mahlzeit, die wir bekommen konnten. Gott schenke euch Weisheit, was ihr tun sollt, und uns Stärke, Mut und Frieden im Herzen. Er ist mächtig – und ein wunderbarer Freund in dieser Zeit.

Die Ereignisse überschlugen sich heute früh. Gewisse Gerüchte gingen ja schon immer um, aber nur wenige Stunden, nachdem es wirklich besorgniserregend geworden war, hatten die Roten die Stadt schon eingenommen. Wir hatten also keine Möglichkeit, rechtzeitig zu fliehen. Es war einfach zu spät.

Der Herr segne und leite euch. Was uns angeht, so möge Gott verherrlicht werden – im Leben oder im Sterben.

In Christus
John C. Stam

Echte, kostbare Narde

Eine Armee von zweitausend Kommunisten, die bald auf sechstausend angewachsen war, hatte nun den Distrikt besetzt. Die Bevölkerung, die ohnehin schon unter hungersnotähnlichen Bedingungen litt, musste nun zusehen, wie ihre wenigen Vorräte verschwanden, als wären Heuschrecken darüber hergefallen. Das war aber nur das kleinere Übel. Als die Roten am nächsten Morgen wieder aus Jingde abzogen, ließen sie etliche Tote zurück und nahmen viele andere als Gefangene mit. Ihr nächstes Ziel war das kleine Städtchen Miaosheo, das rund zwanzig Kilometer von dort entfernt auf der anderen Seite des Gebirges lag. Welche Angst müssen John und Betty ausgestanden haben bei dem Gedanken, was das für ihre lieben Freunde dort bedeuten würde.

Auf diesem ihm so vertrauten Weg marschierte John nun, gefangen und mit seinem kleinen Schatz in den Armen, der noch keine drei Monate alt war. Betty durfte ein Stück des Weges auf einem Pferd sitzend zurücklegen. Beide lächelten sie den wenigen Menschen zu, die sie vorbeiziehen sahen. Dass die kleine Helen überall bei ihnen war, schien das erste Wunder ihrer Befreiung zu sein. Eigentlich wollte man ihr Leben schon auslöschen, bevor sie Jingde verließen. Zu den Qualen der Eltern gehörte, dass ihre Entführer vor ihren Augen darüber verhandelten, ob sie den Säugling sofort töten sollten, um sich weiteren Ärger zu ersparen. Und das wäre auch geschehen, hätte nicht einer der Dabeistehenden ganz unerwartet seine Stimme zum Protest erhoben. Aus den Berichten geht nicht hervor, wer er war oder aus welchem Ort er stammte. Er war von den Kommunisten bei der Plünderung der Stadt aus dem Gefängnis befreit worden, und erkühnte sich jetzt, vorzutreten und für das Baby zu bitten, hatte es doch nichts getan, was des Todes würdig gewesen wäre.

»Dann musst du anstelle des Babys sterben!«, war die zornige Antwort.

»Ich bin bereit«, antwortete der alte Bauer. Er soll auf der Stelle getötet worden sein.

Auf jeden Fall war das junge Leben gerettet worden, und John und Betty hatten ihren Schatz bei sich, während sie sich über die Berge nach Miaosheo schleppten.

Wie sehr wünschten sie, als sie in der Stadt ankamen, sie könnten das Haus ihrer Freunde, der Wangs, aufsuchen. Aber der Schrecken wütete überall. Wer fliehen konnte, war geflohen, bevor die Plünderung einsetzte. Hastig trieb man Betty und John in den Laden des Postmeisters, wo sie unter scharfer Bewachung zurückgelassen wurden. Sie waren dankbar, dass sie nicht alles mit ansehen mussten, was sich draußen abspielte.

»Wohin seid ihr des Weges?«, fragte der Postmeister, als er die Gefangenen erkannte.

»Wir wissen nicht, wohin diese unterwegs sind«, sagte John einfach. »Aber *wir* sind auf dem Weg zum Himmel.«

Der Postmeister bot ihnen Obst an, und Betty griff auch zu, hatte sie doch einen Säugling zu stillen. John aber nutzte die Gelegenheit, um einen weiteren Brief nach Shanghai zu schreiben, den er dem Postmeister mit der Bitte anvertraute, ihn weiterzubefördern.

Miaosheo, den 7. Dezember 1934

An die
China-Inland-Mission

Liebe Brüder,

wir sind hier in den Händen der Kommunisten. Als sie gestern durch Jingde zogen, nahmen sie uns mit. Ich versuchte, sie zu überreden, meine Frau und das Baby von Jingde wegziehen zu lassen (mit einem Brief an euch), aber sie lehnten ab. Wir haben dann heute beide den Weg nach Miaosheo zurückgelegt. Einen Teil der Strecke durfte meine Frau auf einem Pferd sitzen.

Sie verlangen 20.000 Dollar, bevor sie uns freilassen. Wir haben ihnen gesagt, dass dieser Betrag gewiss nicht bezahlt werden kann. Sie haben uns alles abgenommen – das für die Hungernden eingegangene Geld, unser eigenes Geld sowie allen persönlichen Besitz.

Gott schenke euch Weisheit bei euren Entscheidungen und uns Gnade und Kraft. Er ist mächtig!

In Christus
John C. Stam

Wir lesen kein Wort des Selbstmitleids oder der Angst. Nichts deutet darauf hin, dass ihm jetzt Zweifel kamen. Der sie ausgesandt hatte, war bei ihnen. Sie waren stark in der stillen Kraft dessen, der sagte: »Darum bin ich in diese Stunde gekommen. Vater, verherrliche deinen Namen!«

Ängste? – wovor?
Dass glücklich der Geist dann von allem befreit?
Dass völliger Friede vertreibt jedes Leid?
Zum Schweigen gebracht werden Kummer und Streit?
Ängste davor?

Ängste? – wovor?
Das Antlitz des Heilands im Himmel zu sehn?
Ihn reden zu hören und vor Ihm zu stehn?
Ins herrliche Reich Seiner Liebe eingehn?
Ängste davor?

Ängste? – wovor?
Ein Blitzen, ein Krachen, ein Herze durchbohrt,
Erst Dunkel, dann Helle am himmlischen Ort!

Ein ganz kurzes Leiden – und schon bin ich dort.
Ängste davor?

Ängste? – wovor?
Durch Sterben zu tun, was das Leben nicht kann?
Mit Blut zu durchtränken den steinigen Plan?
Dass Seelen draus sprießen für Gott irgendwann?
Ängste davor?

»Mit Blut zu durchtränken den steinigen Plan, dass Seelen draus sprießen für Gott irgendwann« – wie verlangte John und Betty danach, dass durch Leben oder Sterben kostbare Seelen für Christus gewonnen würden in diesem Gebiet des südlichen Anhui!

Viel bleibt nicht mehr zu berichten, denn ihre Leiden wurden Gott sei Dank nicht noch hinausgezogen. Als die Aufmerksamkeit der Kommunisten wieder auf sie fiel, wurden sie mitgenommen zu dem Haus eines reichen Mannes, der rechtzeitig hatte fliehen können. Dort brachte man sie in einem Innenhof in einem Raum unter, wo sie von einigen Soldaten scharf bewacht wurden. Zwar schien man Betty die Möglichkeit zu geben, sich um das Baby zu kümmern, aber John wurde mit Seilen fest an die Pfosten eines massiven Hochbetts gefesselt.

Wie lang müssen die Stunden für ihn in dieser Winternacht geworden sein, als er sich nicht bewegen und auch seine Lage nicht ändern konnte?

Stand still and see

I'm standing, Lord:
There is a mist that blinds my sight.
Steep jagged rocks, front, left, and right,
Lower, dim, gigantic, in the night.
Where is the way?

I'm standing, Lord:
The black rock hems me in behind,
Above my head a moaning wind
Chills and oppresses heart and mind
I am afraid!

He answered me, and on His face
A look ineffable of grace,
Of perfect, understanding love,
Which all my murmuring did remove.

I'm standing, Lord:
Since Thou hast spoken, Lord, I see
Thou hast beset – these rocks are Thee!
And, since Thy love encloses me,
I stand and sing.

Stehet und sehet

Ich stehe, Herr:
Ein Nebel ist's, der meine Sicht verhüllt.
Felsenklüfte – vor mir und auf beiden Seiten tief –
bedrohen finster mich, aufragend in der Nacht.
Wo ist der Weg?

Ich stehe, Herr:
Der schwarze Fels umschließt von hinten mich.
Der Wind hoch über meinem Haupt, er stöhnt,
macht kalt und legt sich schwer mir auf das Herz.
Ich habe Angst!

Er hat geredet, und seine Blicke gelten mir,
unsäglich mild, die Augen voller Gnade,
voll Liebe, die vollkommen ist und mich versteht,
die auch hinweggetan mein ganzes Klagen.

Ich stehe, Herr:
Seit du zu mir gesprochen, Herr, darf sehen ich,
dass du mich heimgesucht. Die Felsen, das bist du!
Weil deine Liebe mich umgibt,
so stehe ich und singe.

Niemand weiß, was sich zwischen John und Betty zugetragen hat. Diese Stunden gehören allein dem, der selbst aus Liebe zu uns lange Stunden der Finsternis am Kreuz hing. Aber wir dürfen sicher davon ausgehen, dass seine Liebe und seine Nähe es waren, die den beiden Kraft gaben. Es gelang Betty, mit der Fürsorge eines Mutterherzens einige Vorkehrungen für den Säugling zu treffen, den sie allein und verwaist zurücklassen würden. Würde die Kleine überleben können? Und wenn ja, was würde aus ihr werden? Aber hatten sie ihr Töchterchen nicht in dem erst kürzlich stattgefundenen Gottesdienst Gott selbst anvertraut? Würde er sich nicht um sie kümmern?

Nie war ihnen die Kleine so kostbar gewesen wie an dem nächsten Morgen, als sie das süße Babygesicht ein letztes Mal sahen und dann abgeführt wurden, um zu sterben. Aber sie zeigten keine Schwäche. Die Augenzeugen dieser Szene konnten nur staunen über die Ruhe, mit der John und Betty dem Schlimmsten entgegengingen, was sich ihre irregeleiteten Feinde hatten ausdenken können. In dieser Stunde, in der alle Mächte der Hölle loszubrechen schienen, trugen sie den moralischen und geistlichen Sieg davon. Die Stricke, mit denen sie gebunden waren, verursachten ihnen Schmerzen. Die Hände auf dem Rücken und ihrer Oberbekleidung beraubt (John war sogar barfuß, weil er Betty seine Socken gelassen hatte), gingen sie die Straße hinab, wo sie so viele kannten. Die Roten machten sich indessen lustig über sie und riefen die Menschen herbei, weil man wollte, dass sie der Hinrichtung beiwohnten.

Wie ihr Meister wurden auch sie auf eine kleine Anhöhe außerhalb der Stadt geführt. In einem Kiefernwäldchen angekommen, hielten die Kommunisten den Zuschauern, die zwar widerstrebend, aber zu Tode erschrocken und unfähig zum Protest waren, eine Strafpredigt. Ein Mann jedoch brach aus den Reihen heraus. Es war der Arzt dieses Ortes und selbst gläubiger Christ. Als er sich auf die Knie warf und um das Leben seiner Freunde flehte, brachte er zum Ausdruck, was viele der Anwesenden empfanden. Die Roten stießen ihn zornig zurück, aber er schwieg nicht. Als sie merkten, dass auch er ein Nachfolger Christi war, wurde er gefangen weggeschleppt, um ebenfalls zu Tode gebracht zu werden.

John wandte sich dem Anführer der Bande zu und bat um Gnade für den Mann, aber ihm wurde nur mit scharfen Worten befohlen, sich hinzuknien. Die Freude, die man später auf seinem Gesicht lesen konnte, zeugt von der unsichtbaren göttlichen Gegenwart um sie herum in dem Augenblick, als sein Geist in die Freiheit ging. Betty schien zu zittern, aber nur für kurze Zeit. Gefesselt, wie sie war, fiel sie ihm zur Seite auf die Knie. Ein kurzer Befehl, das Aufblitzen eines Schwertes – das sie gnädigerweise nicht sehen konnte – und sie waren miteinander vereint.

> »… ausheimisch vom Leib und einheimisch beim Herrn …«[19]
> »Gott aber sei Dank, der uns den Sieg gibt durch unseren Herrn Jesus Christus.«[20]

Die Nachricht wurde in die Heimat telegrafiert, wo sie viele Herzen mit Schmerz erfüllte. Tag und Nacht stiegen die Gebete auf für das hilflose kleine Mädchen, das inmitten aller Gefahren so allein war. Aus dem Heim der Stams in Paterson kam die folgende Antwort auf das Beileidstelegramm der Missionszentrale:

> »Wir schätzen sehr Ihre Worte des Trostes. Das Opfer erscheint sehr groß, aber nicht zu groß für den, der sich

19 2. Korinther 5,6.
20 1. Korinther 15,57.

selbst für uns hingab. Wir erfahren die Gnade Gottes und glauben fest an Römer 8,28.«

Zur gleichen Zeit schrieb Mr. Stam an seine trauernden Freunde:

»Unsere geliebten Kinder John und Betty sind jetzt beim Herrn. Sie liebten ihn, und sie dienten ihm. Jetzt dürfen sie bei ihm sein. Kann es etwas Herrlicheres geben? Es ist wahr, dass die Art und Weise, wie sie von dieser Erde gegangen sind, für uns alle ein großer Schock war. Aber was sie auch an Leiden durchgemacht haben, es ist jetzt vorüber, und sie beide sind unendlich reich gesegnet mit den Freuden des Himmels.

Wir, die wir zurückgeblieben sind, werden durch das Telegramm eines der früheren Schulkameraden von John daran erinnert, dass wir John damals nicht China, sondern Gott gegeben haben. Unsere Herzen waren eine Zeit lang niedergebeugt vor Trauer, aber wir konnten letztlich nur ›Amen!‹ sagen. Unser Wunsch war es, dass er wie wir dem Herrn dienen würde. Und wenn es eher durch den Tod als durch das Leben geschieht, dann soll es so sein. Jetzt erscheint das Opfer sehr groß, aber kein Opfer ist zu groß für den, der sich selbst für uns gegeben hat.

Wir beten ernstlich, dass alles zur Ehre Gottes und zur Errettung von Menschenseelen dient. Wie froh werden wir sein, wenn durch dieses schreckliche Ereignis viele Herzen für den Herrn Jesus gewonnen werden. Und wie froh werden wir sein, wenn sich viele junge Christen ermutigen lassen, sich dem Herrn wie nie zuvor ganz hinzugeben für ein Leben des Dienstes und des Opfers!

Es ist uns eine Ehre, dass wir Kinder haben, die dem Herrn unter den Heiden dienen, aber es ist uns eindeutig eine noch größere Ehre, dass zwei von ihnen die Märtyrerkrone empfangen haben.

Wir sind sicher, dass unsere Geschwister Dr. C. E. Scott und seine Frau den Worten beipflichten werden: ›Der

Herr hat gegeben, und der Herr hat genommen, der Name des Herrn sei gepriesen.‹[21]«

Über die Straßen von Miaosheo war die Dunkelheit hereingebrochen. Hinter verschlossenen Türen unterhielten sich die Menschen flüsternd über die Tragödie, die sich am Morgen abgespielt hatte. Und in einem verlassenen Haus weinte und schlief ein alleingelassener Säugling.

Während der ganzen Nacht und bis weit in den zweiten Tag hinein trat niemand über die Schwelle des Hauses. Auf der Anhöhe, wo sie gefallen waren, lagen die beiden, die ihr das Liebste waren, still und ruhig. Gab es ein junges Leben, das noch hilfloser, eine Lage, die noch hoffnungsloser hätte sein können? Niemand wagte sich in die Nähe des Hauses, denn die Roten waren nur wenige Kilometer entfernt. Sie konnten jederzeit wieder zurückkehren, und ihre Spione schienen sie überall zu haben. Aber es war so, wie die alte Bibelfrau aus Jinan unter Tränen sagte: »Die Engel selbst haben sich um die Kleine gekümmert.«

In den nahe gelegenen Bergen hatten sich Flüchtlinge versteckt, die den Kommunisten entkommen waren. Sie hatten kein Zuhause mehr und litten Hunger. Unter ihnen war auch der Evangelist Lo mit seiner Frau, die sich eigentlich schon Wochen zuvor in Miaosheo hatten niederlassen wollen. Hätten sie das getan, wären sie zweifelsohne auf dem Gelände der Mission gewesen und von den Roten umgebracht oder als Gefangene weggeführt worden. Es war aber zu Verzögerungen gekommen, sodass sie nur wenige Stunden vor der Einnahme und Plünderung der Stadt dort angekommen waren. Wären sie nur wenig später dort gewesen, hätten sie die Flüchtlinge auf der Straße gesehen und wären überhaupt nicht weitergegangen. Aber sie waren angekommen und hatten die Nacht bei Mrs. Wang und ihrer Familie verbracht. Und dann kam das Unglück.

---

21 Hiob 1,21.

Als die ersten Soldaten auftauchten, konnten die Frauen in die Berge entkommen, der Evangelist Lo aber und Mrs. Wangs Sohn blieben zurück, um zu sehen, was kommen würde. Die Vorhut der Roten suchte das Oberhaupt des Ortes, und irgendjemand zeigte auf die beiden. Wang rannte sofort um sein Leben, aber Lo, der kein Oberhaupt war, wich nicht von der Stelle. Natürlich wurde er sofort ergriffen. Aber Chang, der Medizinverkäufer (der am Tag darauf vergeblich versuchte, das Leben seiner Missionarsfreunde zu retten), konnte Auskunft über ihn geben.

»Der Mann stammt nicht von hier«, sagte er. »Ich kenne ihn aber. Er verteilt Traktate und heilt Krankheiten, so wie ich. Er ist erst letzte Nacht nach Miaosheo gekommen.«

Die Roten wussten nicht, dass »Traktate« christliche Schriften sind, und ließen Lo wieder frei. Voller Verwunderung über seine Freilassung machte er sich leise davon und schloss sich, so schnell er konnte, den Flüchtlingen an. Zwei Tage und zwei Nächte litten sie in ihrer Zuflucht auf den Bergen unter Kälte und Hunger. Ein Feuer zu machen, trauten sie sich nicht. Glücklicherweise fanden sie wilde Kastanien zum Essen, und ein Mann, der eine Sichel dabeihatte, schnitt genug Gras für sie alle ab, das sie anstelle von Bettzeug verwendeten und das ihnen einen gewissen Schutz bot.

Dann, am zweiten Tag, drang das Gerücht zu ihnen, dass die Roten einen Fremden gefangen genommen hätten. »Ist es vielleicht der katholische Priester von Jingde?«, fragte Lo. Seine eigenen Missionarsfreunde waren doch sicher rechtzeitig gewarnt worden und hatten fliehen können. Als aber später noch weitere Flüchtlinge zu ihnen stießen, bestätigten diese, dass die Roten zwei Fremde nach Miaosheo gebracht hatten, einen Mann und seine Frau, und dass sie dort öffentlich hingerichtet worden waren. Grausige Einzelheiten dazu wurden bekannt. Lo empfand die große Not und machte sich auf den Weg, um mehr über die Ereignisse zu erfahren, die zu ihnen durchgedrungen waren. Es war Sonntagmorgen, der 9. Dezember. Von ihrem Versteck aus hatten die Flüchtlinge gesehen, wie Regierungstruppen in das Tal vorgedrungen waren, um die Roten zu verfolgen. Es kam zu einzelnen Gefechten, sodass die Kommunisten von der Stadt abgeschlagen wurden. Die Wangs kehrten daher in Begleitung von Mr. Los Frau und Kind, das durch die Kälte bedingt krank geworden war, zu ihrem Haus zurück.

Es war seltsam ruhig im Ort, und selbst von den Leuten, die dageblieben waren, konnte Lo nur wenig Neues erfahren. Aus Angst vor den kommunistischen Spionen traute sich keiner, etwas zu sagen. Sein guter Freund, der Medizinverkäufer, war nicht aufzufinden. Gerade als Lo von der Straße in Richtung Anhöhe abbog, um sich dort umzusehen, wagte sich eine alte Frau vor und flüsterte ihm zu, es gebe noch ein Baby, ein fremdes, das überlebt habe. Als er in sie drang, um mehr zu erfahren, zeigte sie nur verstohlen auf ein leeres Haus in der Nähe. Lo wusste nicht, was er antreffen würde. Aber er betrat das Haus, wo sich in jedem einzelnen Zimmer Spuren der Banditen fanden. Es war völlig ruhig im Haus, und es schien verlassen zu sein. Aber was war das? War das nicht ein stilles Weinen? Lo eilte in den Innenraum, und bald hielt er das Baby, das fast dreißig Stunden allein gewesen war, in seinen Armen.

Er hatte es auf dem Bett liegend gefunden, genau wie die Hände und das Herz ihrer Mutter es geplant hatten. In ihrem mit einem Reißverschluss versehenen Schlafsack lag die kleine Helen warm und sicher, und es schien ihr auch nicht geschadet zu haben, dass sie so lange nichts zu essen und zu trinken bekommen hatte. Lo nahm die Kleine mit sich und stieg weiter den Berg hinauf. Der traurigste Teil seiner Aufgabe lag noch vor ihm.

Das Auffinden seiner Missionarsfreunde war, wie er schrieb, »unbeschreiblich schlimm«. Trauer und Schrecken wollten ihn schier überwältigen, aber es war Eile geboten. Die Roten konnten jeden Augenblick wieder auftauchen. Glücklicherweise stand Mrs. Lo bereit, um sich der Kleinen anzunehmen. Mit Mrs. Wangs und ihres Sohnes Hilfe gelang es ihnen, Särge herbeizuschaffen. Die toten Körper wurden in weiße Wolltücher gewickelt. Es war das Einzige, was man in der Stadt zu diesem Zweck bekommen konnte. In der Zwischenzeit hatte sich eine Menschenmenge auf dem Hügel versammelt, wie Mr. Birch wenige Tage später in einem Brief schrieb:

»Sie hatten alle nur Worte des Bedauerns und des Schmerzes für den Tod dieser feinen Leute übrig. Der eine oder andere wagte es sogar, die Roten für dieses Verbrechen laut zu verfluchen. Als sie alles getan hatten, was sie tun konnten, verneigten sich die drei Christen im Gebet. Als Lo sich wieder aufrichtete, richtete er die folgenden Worte an die Umstehenden:

›Ihr habt diese zerschlagenen Körper gesehen, und ihr empfindet Mitleid mit unseren Freunden, mit ihrem Leiden und Sterben. Aber ihr müsst wissen, dass sie Kinder Gottes sind. Ihr Geist ist unversehrt und befindet sich jetzt in diesem Augenblick in der Gegenwart ihres himmlischen Vaters. Sie sind nicht für sich selbst nach China und nach Miaosheo gekommen, sondern euretwegen, weil sie euch erzählen wollten von der großen Liebe Gottes und damit ihr an den Herrn Jesus glaubt und für ewig gerettet werdet. Ihr habt die Botschaft der beiden gehört. Vergesst sie nicht, denn sie ist wahr. Ihr Tod ist der Beweis dafür. Erinnert euch an das, was sie euch gesagt haben – bereut eure Sünden und glaubt an das Evangelium!‹

Wie Lo mir berichtet, waren unter den Zuhörern manche, die weinten. Selbst habe ich in China noch keine Tränen als Antwort auf unsere Botschaft gesehen. Warum ist das jetzt anders? Warum sind die Herzen jetzt weich? Weil sie einen Beweis bekommen haben von der Liebe und Macht Gottes, von der Wahrheit des Evangeliums. Wir rechnen damit, dass viel Frucht aus dem treuen Zeugnis und siegreichen Sterben dieser beiden Himmelslichter hervorgeht.«

Das dringende Gebot der Stunde aber war es, die kleine Helen in Sicherheit zu bringen. Lo überließ also die Särge der Fürsorge von Mrs. Wang und ihrem Sohn und eilte zurück zu seiner Familie. Wie viele Sorgen und Leiden lagen noch vor ihm! Alles, was sie an Geld und Gütern besaßen, hatten sie in Mrs. Wangs Haus zurückgelassen. Und dort war alles gestohlen worden! Ihr vierjähriges Söhnchen, ihr einziges Kind, war schlimm krank. Eine Reise von über einhundertfünfzig Kilometern lag vor ihnen – durch das Gebirge, in dem es, abgesehen von den Soldaten der Kommunisten, nur so von Banditen wimmelte. Und was am schwierigsten war: Sie mussten ein ausländisches Baby verstecken und beschützen.

Zu Fuß und so unauffällig wie möglich bewerkstelligten sie ihre Flucht von Miaosheo. Die Kinder hatten sie in zwei großen Reiskörben versteckt, die auf dieser und jener Seite einer Bambusstange herabhingen. Den unerschrockenen Mann, der sich anbot, die Körbe zu tragen, hätten sie nicht bezahlen können, wenn Betty nicht auch dafür in der letzten Nacht Vorsorge getroffen hätte. Sie hatte einen frischen Schlafanzug und ein paar Windeln in den Schlafsack gesteckt – alles, was sie mitnehmen konnte – und dazwischen fanden sich zwei Fünf-Dollar-Scheine, sorgfältig mit Nadeln festgesteckt. Es reichte gerade aus für das, was die kleine Reisegruppe brauchte. Und unterwegs halfen junge chinesische Mütter bereitwillig aus, wenn Mrs. Lo darum bat, das kleine Waisenkind zu stillen.

Groß war die Freude unter den extremen Umständen dieser Reise, als Mr. und Mrs. Lo entgegen ihrer ursprünglichen Befürchtungen sehen durften, wie ihr kranker kleiner Sohn wieder zu sich kam. Viele Stunden lang war er nur halb bei Bewusstsein gewesen, aber dann setzte er sich auf und fing an, ein christliches Lied zu singen. Danach ging es stetig weiter aufwärts mit ihm.

Da sie auf ihrem Weg durch Kinghsien kamen, konnten sie eine Dose Milchpulver kaufen. Mrs. Lo war für die Geburt von Uenseng im Methodistenkrankenhaus von Wuhu gewesen und hatte dort etwas über die ausländische Art der Säuglingspflege gelernt. Sie hatte sogar das Fläschchen bei sich, das sie für ihr eigenes Baby verwendet hatte. Damit gelang es ihr für den Rest des Weges, der kleinen Helen alle drei Stunden etwas Nahrung zuzuführen. Sollte es nur Zufall sein, dass in diesem entlegenen Winkel mitten in dem großen China gerade diese Frau mit ihrem Babyfläschchen bei ihr war?

Am 14. Dezember war Mr. Birch allein in Xuancheng. Seine Frau war mit den Kindern in Wuhu. Gerade als das Essen aufgetragen werden sollte, meinte er unerwarteten Besuch zu hören. Es klopfte an der Tür, und eine vom Straßenstaub bedeckte Frau trat ein, in ihren Händen ein Bündel. Wie dankbar war er, als er Mrs. Lo erkannte.

»Das ist alles, was uns geblieben ist«, sagte sie mit gebrochener Stimme.

Mr. Birch überkam die Furcht. Hatte man ihren Mann getötet, und hatte sie nur mit dem Kind fliehen können? Er nahm das ihm hingestreckte Bündel in Empfang, schlug die Decke zurück – und fand die schlafende Helen Priscilla. Dann kam auch Mr. Lo herein, nachdem er die Lastenträger bezahlt hatte. Jetzt konnte die wunderbare Geschichte erzählt werden, die der Kleinen den Namen »Wunderbaby« einbrachte.

Und es grenzte wirklich an ein Wunder, als man sah, wie gut es dem Säugling ging, sodass selbst seine Mutter sich nicht mehr Glück und Geborgenheit für die Kleine hätte wünschen können. Nach Aussagen der Ärzte im Krankenhaus von Wuhu war sie bei bester Gesundheit, und das süße Wesen gewann schnell die Herzen aller für sich.

Mrs. Walton nahm sich des Kindes an. Sie schrieb an die Großeltern der Kleinen in Jinan:

> »Sie müssten die kleine Helen sehen, sie ist einfach vollkommen! Ein so schönes Baby – gesund, stark und lieb. Sie weint fast nie. Und in so reizender Weise sieht man Betty und John in dem Kind. Ihre Augen sind genau wie Bettys

> Augen. Wenn sie wach ist, lacht sie meistens, und sie kann so herrlich vor sich hin glucksen und brabbeln.«

Für Dr. Scott und seine Frau war es wie eine Auferstehung aus den Toten, als man die Kleine in ihre liebevolle Obhut nach Jinan brachte.

> »Alles an ihrer Befreiung redet nur von der Liebe und Macht Gottes. Und wir wissen eines: Wenn er diesen kleinen und hilflosen Säugling, der noch keine drei Monate alt ist, durch solche Gefahren hindurch in Sicherheit bringen konnte, dann hätte er genauso gut das Leben ihrer von uns so geliebten Eltern retten können, wenn es in seinem göttlichen Plan gewesen wäre, den er mit ihnen hatte.«

War es ein vergebliches Opfer? Nicht für die beiden, die alles hingegeben hatten. Nicht für die Engel, die alles beobachtet hatten und selbst nie das Vorrecht hatten, ihre Liebe durch Leiden und Aufopferung unter Beweis zu stellen. Betty und John hatten ihr Leben für ihren Meister dahingegeben, es gleichsam als kostbare Narde ausgegossen, wie einst Maria von Bethanien.

Du bist würdig

Hören wir doch diesen Triumphgesang im Himmel! Verstehen wir, was er bedeutet?

> Würdig ist das Lamm, das geschlachtet worden ist, zu empfangen Macht und Reichtum und Weisheit und Stärke und Ehre und Herrlichkeit und Lobpreis (Offenbarung 5,12).

Es ist ein Freuden- und Loblied, der Hallelujah-Chor des Universums. Und wer singt da? Es sind die Erlösten aus »jedem Stamm und Sprache und Volk und Nation«[22], von denen viele aus dem Feuerofen der Verfolgung hervorkommen, deren Tränen aber für immer abgewischt sind. Es ist der erhabenste Ausdruck aller irdischen »Gesänge der Nacht«[23] aus den Herzen derer, die für und mit ihrem Herrn leiden.

Der Christ singt, und er singt auch in der Bedrängnis. Die Gefängniswände hörten die Loblieder von Paulus und Silas, und die Leidensbriefe des Petrus legen Zeugnis ab von »unaussprechlicher und verherrlichter Freude«[24].

Ein Christ ist der größte aller Widersprüche: ein Wesen, das »verdorben und doch gereingt ist, sterblich und doch unsterblich, gefallen und doch über alle Fürstentümer und Gewalten erhaben, leidend und doch allezeit sich freuend«[25]. Und seine Leiden werden zu Früchten des Segens für andere. Somit hat der Feind sich übernommen; er kann einem Kind Gottes nicht wirklich schaden, und er kann genauso wenig den Triumph der

---

22 Offenbarung 5,9.

23 nach Hiob 35,10.

24 1. Petrus 1,8.

25 Siehe die Predigt von Spurgeon über 1. Petrus 1,6, *The Christian's Heaviness and Rejoicing (Des Christen Traurigkeit und Freude)*, online (auf Englisch): http://www.spurgeon.org/sermons/0222.htm.

Wahrheit zurückhalten, wenngleich er ihn in Blut zu ersticken sucht.

Als Patrick Hamilton in Schottland verbrannt wurde, wagte jemand folgende Worte seinen Verfolgern gegenüber auszusprechen: »Wenn ihr noch mehr verbrennen wollt, solltet ihr es lieber in einem Keller tun, denn der Rauch von Hamiltons Verbrennung hat vielen die Augen geöffnet.«

»So ist es immer«, kommentierte Spurgeon. »Leidende Heilige sind ein lebendiger Same.«

Ein solcher Same ist in der ganzen Welt gesät worden durch das, was John und Betty Stam sowie ihre kleine Helen erlebt haben. Und die Ernte wird voller Staunen und Dankbarkeit eingebracht. Warum erhoben sich siebenhundert Studenten bei dem großen Gedächtnisgottesdienst, der am *Moody Bible Institute* abgehalten wurde, um ihr Leben dem Missionsdienst zu weihen, wann immer Gott sie dazu berufen sollte? Woher haben junge Leute aus vielen Ländern den Blick dafür bekommen, dass es ein Vorrecht ist, in der Gemeinschaft mit Christus zu leiden und sich zu opfern?

Was hat dieses tragische Geschehen weiter noch bewirkt?

Es hat in unzähligen Herzen die tief verborgenen Quellen des Glaubens und der Liebe aufgetan. Und wie reich sie heute fließen! Ja, sie bezeugen letztlich die wahre Einheit des Volkes Gottes. In einer einzigen Postsendung erhielten Dr. Scott und seine Frau Trostbriefe aus Australien, Neuseeland, Deutschland, Arabien, Schweden, Hongkong, Kanada, England und Amerika. Und nicht nur Briefe, sondern auch Geschenke – besonders für die kleine Helen Priscilla – kamen von überall her. Es waren einfache und unbekannte Gläubige, chinesische Christen, Presbyterien, ein Bischof, die Vollversammlung einer großen Kirche, Studenten und Lehrer verschiedener Fakultäten, besonders von Bettys Alma Mater, dem Wilson College.

Vom *Moody Bible Institute* schrieb Dr. James M. Gray an Mr. und Mrs. Stam in Paterson:

»Ich brauche Ihnen nichts von dem hohen Ansehen zu schreiben, in welchem Ihr Sohn und seine Frau bei unseren Studenten stehen. Hier wird man sich noch lange und gerne an das Zeugnis erinnern, das sie für Christus sowohl durch ihr Leben als auch durch ihr Reden abgelegt haben. …
Ich hoffe, Sie haben selbst in Ihrem großen Kummer die Kraft finden können, Ihre Augen zu der Herrlichkeit zu erheben, die John und Betty erwartete, als sie gleichsam auf der anderen Seite des Vorhangs ihrem Heiland begegnen durften, für den sie gestorben sind. Auf der Erde kann Eltern keine größere Ehre zukommen als die, welche jetzt Ihnen zukommt, und ich bete, dass Sie heute in der heiligen Freude dieser Ehre leben können.«

In einer Stadt des Mittleren Westens der USA kam ein Holländer mit zwei Schecks zu je fünfzig Dollar zu seinem Pastor. Einer von ihnen war für die *China-Inland-Mission*. Er war sehr bewegt und sagte: »Wir sind nicht reich, aber wir haben genug. Peter Stam hat seinen Sohn hergegeben. Was sind diese fünfzig Dollar im Vergleich dazu?«

Eine von Bettys Mitstudentinnen schrieb aus einem erfüllten Herzen:

»Ich bin Billie, die Hornistin vom *Indian Hill Camp*. Es war Betty, die mich dort zum Herrn führte und die mir meine erste Bibel schenkte. … Ihre Freundschaft war mir sehr kostbar. Ich dachte, Sie würden sich freuen, wenn Sie in einer Zeit wie dieser von jemandem hören, den sie zum Herrn geführt hat. Die Errettung ist so etwas Wertvolles, dass wir gar nicht umhinkönnen, als eine ganz besondere Liebe für den zu empfinden, der uns zum Herrn geführt hat.«

Bei dem Gedächtnisgottesdienst am Wilson College gab es niemanden, der keine Tränen vergossen hätte. Einige Studenten schrieben, dass dieser Gottesdienst geistlich gesehen der beeindruckendste war, dem sie je beigewohnt hatten. Rektor Warfield hatte seit Wochen auf dem Krankenbett gelegen, aber er erhob sich, um die Ansprache zu halten. Ein Mitglied des Lehrkörpers berichtete von einer ähnlichen Situation bei einem der Gottesdienste in der Kapelle:

> »Dr. Warfield saß in der ersten Reihe. Nach der Predigt bestieg er zitternd das Podium, und mit bewegter Stimme sprach er von Betty und dem Baby, welches er in liebevollster väterlicher Art für das Wilson College beanspruchte.[26] Wir werden die wunderbare Gnade Gottes aufmerksam beobachten, die sich mit Sicherheit aus all diesem Geschehen ergeben wird.«

Ein Mitarbeiter in China richtete den Blick nach vorn und schrieb:

> »In gewisser Weise sind wir ja alle auf dem Weg nach Hause! Ihre liebe Tochter und deren Ehemann sind schon in einem feurigen Wagen vorangegangen. … Ihr Leben, ihre Persönlichkeit, ihre Arbeit und ihr Zeugnis sind jetzt in mächtiger Weise in jeder Stadt unseres Landes bekannt geworden. Ein ganzes Menschenleben des Dienstes für Christus hat vielleicht nicht ein Hundertstel von dem bewirken können, was durch ihren Tod an einem Tag bewirkt wurde.«

---

26 Es war etwas ganz Wunderbares, als die kleine Helen Priscilla im Wilson College zum »College-Baby« gemachte wurde. Damit war ihre kostenlose Hochschulausbildung gesichert. Die Studenten leisteten einen freiwilligen Beitrag von einhundert Dollar und sandten ihn nach China, um sofort anfallende Ausgaben für das Baby zu decken.

Eine andere Chinamissionarin berichtete über die Reaktion einiger ihrer Schülerinnen:

> »Gestern saßen siebzehn junge Frauen um meinen Tisch, als ich ihnen die Geschichte von Betty und ihrem Mann erzählte.
> Eine von ihnen sagte: ›Wenn man nur bedenkt, dass dieses kleine Baby eines Tages zu uns sagen wird: Meine Mutter gab ihr Leben, damit ihr von Jesus hören könnt.‹
> Ich werde diese Stunde nicht vergessen.«

Wenden wir uns nun denen in der Heimat zu. Welche Quellen des Glaubens und der Liebe brachen in den Herzen derer auf, die den Verlust am tiefsten empfanden! In ihren Briefen hören wir den Widerhall des himmlischen Triumphgesangs. Tochter Helen (Mrs. Mahy) schrieb ihren Eltern Dr. und Mrs. Scott:

> »Liebster Vati, liebste Mutti! Ich muss euch nicht sagen, wie sehr wir euch in diesen dunklen Tagen lieben, an euch denken und für euch beten. Wie ihr eure Kinder kennt, könnt ihr versichert sein, dass wir alle eins sind in diesem ganzen Geschehen. Obwohl es schwer ist, die passenden Worte zu finden. …
> Vor meinen Augen habe ich ein wunderschönes Bild: Betty und John stehen mit ihren Siegespalmen vor dem Thron, wo sie ein Lied der reinsten Freude singen, weil sie alles, was sie hatten, ihrem Meister hingegeben haben. Und deswegen kann ich auch gar nicht in Tränen ausbrechen, wie man es eigentlich erwarten müsste. Es kommt mir kleinlich vor, wenn ich jetzt Tränen vergieße für etwas, das so offensichtlich in der Hand Gottes allein liegt. Dennoch ist es mir für euch sehr, sehr wehe ums Herz.«

Den folgenden tröstenden Brief schrieb ihr jüngerer Bruder vom Davidson College, North Carolina, USA:

> »Dass wir Betty und John verloren haben, würden viele als eine schreckliche Tragödie bezeichnen, die uns mit Traurigkeit und Verzweiflung erfüllen müsste. Aber ich kann das so nicht sehen, weil ich Christ bin und Gottes Hand in allem erkennen kann. Statt uns mutlos zu machen, erfüllt es uns vielmehr mit einem noch größeren Vertrauen auf Gott und einer größeren Entschiedenheit, ihm mit unserem Leben zu dienen. Den Sinn hinter dem ganzen Geschehen können wir noch nicht erkennen, aber eines Tages werden wir ihn verstehen.
>
> Im Werk Gottes wird der Wert eines Lebens nicht durch dessen Länge, sondern durch die Qualität des Dienstes bestimmt und dadurch, in welchem Maß Gottes Ziele durch dieses Leben erreicht werden konnten.
>
> Ganz gewiss wurden – und werden jetzt noch immer – seine Ziele durch Betty und John erreicht. Ihr Dienst war also vollendet.«

Ihr anderer Bruder am Princeton Seminary war, wie er schrieb, »schwer erschüttert« und empfand tiefe Trauer mit seinen Eltern. Und doch konnte er sagen:

> »Da ich euren Glauben kenne, weiß ich, dass ihr euch nicht unterkriegen lasst durch das, was geschehen ist. Da zeigt sich, was es bedeutet, Christ zu sein: Keine Prüfung in unserem Leben kann zu schwer werden, weil wir die Hand Gottes sehen, wie sie – für uns undeutlich und im Schatten – am Wirken ist. … Wir haben Gott selbst, der in seiner unendlichen Weisheit und Güte alles wohlgemacht hat. Er ist in diesen Tagen der Hüter und die Stütze unserer Herzen.
>
> Wenn ihr die gleiche Erfahrung wie ich gemacht habt, dann weiß ich, dass diese böse Tat uns alle mit Macht aus

der geistlichen Lethargie gerissen hat, in die wir verfallen waren, und dass, selbst wenn wir meinten, wir würden unser Bestes geben, es nicht genug war. Es fehlten die Tiefe der Hingabe und die Zeugenkraft, die wir als Gottes Botschafter für die Menschen haben sollten. Gott möge durch dieses tragische Geschehen seiner ganzen Gemeinde neue Kraft schenken sowie mehr Hingabe und ein treueres Zeugnis für die wunderbare Sache Christi, für welche alle wahren Nachfolger im Lauf der Jahrhunderte bereit und willens waren zu sterben.«[27]

Und aus dem Kongo kamen einfühlsame Briefe von Johns Bruder Harry Stam, der dort als Missionar tätig war und die Nachricht per Telegramm erhalten hatte:

»Wie traurig und doch wie herrlich! Wie traurig, wenn man an die Sünde und den Hass im Herzen des Menschen denkt! Und der Tod ist noch immer ein Feind. Aber wie herrlich war der Empfang, den man ihnen im Himmel bereitete, als sie ihren Herrn und Heiland von Angesicht zu Angesicht sahen! Man möchte sie fast ein wenig für die unendliche Zärtlichkeit beneiden, mit der er gesagt haben muss: ›Recht so … du bist … treu gewesen.‹
Wir erwarten nicht, dass Wunden nicht wehtun; aber wir wissen, dass ihr uns vor vielen Jahren alle dem Herrn übergeben habt, und er wird in diesen Tagen Worte des Segens und des Trostes für euch haben, wie er sie auch für uns hat. Irgendwie kann ich an nichts anderes denken als an das Herrliche in all dem, was geschehen ist. … Es wird jeden Tag schöner, dass man in Gottes vollkommenem

27 Für Bettys eigene Familie gilt das schon jetzt: Durch ihren Tod hörten ihre Schwester Mrs. Gordon Mahy und ihr Mann, der Dekan am Witherspoon College, Kentucky, USA, den Ruf Gottes nach China. Ihre jüngere Schwester und ihr Mann, Dr. Theodore Stevenson, arbeiteten in Guangzhou (Kanton).

Willen ruhen darf. ›Glückselig ist, wer sich nicht an mir ärgert.‹[28]«

In Paterson sagte eine Frau voller Schmerz: »Warum sind sie nur dorthin gegangen?« Johns Vater antwortete:

»Weil die Liebe Christi sie drängte. Sie liebten den Herrn und das chinesische Volk – und deswegen sind sie nach China gegangen. Wir haben uns gefreut, als sie gingen, und hätten sie auch wieder mit Freuden gehen lassen, weil wir nicht auf die Dinge schauen, die sichtbar sind. Ihnen ging es nicht um Geld oder Annehmlichkeit, sondern um Seelen.«

»John und Betty hatten eine himmlische Sicht«, schrieb Dr. Scott. »Und vor diesem Hintergrund bekommt alles andere auch seinen rechten Stellenwert.«

»Eine himmlische Sicht« – Gott sei Dank haben viele junge Herzen, die sich auf die Möglichkeiten freuten, welche ihnen das Leben bieten würde, jetzt auch den Standpunkt eingenommen, den John und Betty hatten. Von der Washington and Lee University in Virginia schrieb einer der Söhne des als Märtyrer gestorbenen Missionars, von dem früher schon einmal die Rede war, folgende Zeilen an Mr. und Mrs. Stam:

»Da mein Vater vor drei Jahren im Norden Chinas auch von Banditen gefangen genommen und dann umgebracht wurde, denke ich, dass ich Ihnen mein Mitgefühl ausdrücken darf. Aber was für ein gesegnetes Vorrecht haben wir, indem wir unsere Lieben bis an das Äußerste ihres Dienstes für den Meister gehen ließen. Bei mir ist es so, dass diese Freude an die Stelle des Kummers getreten ist.«

28 Lukas 7,23.

Ein weiterer Bruder, ebenfalls Student an der Washington and Lee University und angehender Missionar, fügte hinzu:

> »Ich bin so froh, dass das kleine Mädchen in Sicherheit ist. Wer weiß, ob sie nicht auch eines Tages dem Herrn dienen wird – so wie es meine Hoffnung mit der Hilfe des Herrn ist –, und das in dem Land, in dem ich geboren wurde und das ich liebe.«

Als Dr. Glover an eine von Bettys Freundinnen schrieb (selbst schon eine Kandidatin für die *China-Inland-Mission*), um ihre Reaktion auf die Lage in China zu testen, war er sehr bewegt von ihrer Antwort:

> »Ich glaube wirklich, dass ich die Eventualitäten im Auge habe und die Kosten berechnet habe. … Diese tragischen Vorkommnisse können mich nicht abschrecken, sondern veranlassen mich dazu, dass ich neu die Waffenrüstung des Geistes anziehe.«

Aus Anhui selbst schrieb Mr. Hanna über die Haltung von Johns und Bettys Mitarbeitern, die zurückgeblieben waren, um die Reihen zu schließen und das Werk fortzuführen:

> »Wir danken Gott für die Standhaftigkeit unserer Mitarbeiter während dieser schweren Tage. Kein Ton des Zauderns oder der Mutlosigkeit. Alle sind treu und wahrhaftig. ›In Hoffnung freut euch; in Bedrängnis harrt aus; im Gebet haltet an.‹[29]«

Was hat dieses tragische Ereignis nun bewirkt?
Vor allem hat es Ströme göttlicher Kraft und göttlichen Segens freigesetzt. Eine größere Tragödie als die von Golgatha hat es nie gegeben: Gottes eigener Sohn ging in die Tiefen des Leidens

---

29 Römer 12,12.

und der Erniedrigung, und aufgrund dessen konnte Gott dann wirken. »Darum hat Gott ihn auch hoch erhoben.«[30] Aber es war noch mehr. Nicht nur Kraft wurde freigesetzt, sondern tiefe Quellen göttlicher Liebe. Denn der Herr selbst sagte: »Darum liebt mich der Vater, weil ich mein Leben lasse.«[31]

Weil der Herr alles gab, wurde er über alles hoch erhoben. Und wenn wir unser kleines Leben ihm ganz zur Verfügung stellen, wird er uns stärken zum Dienst und uns auch einmal erheben und uns dafür belohnen.

Denn das Opfer, welches für das Erfüllen der göttlichen Erlösungsabsichten gebracht wird, setzt die größten Kräfte göttlicher Macht und Liebe frei.

Wir sehen es in dem Triumphgesang: »Du bist würdig, … denn du bist geschlachtet worden.«[32] Wir sehen es im Lauf der Menschheitsgeschichte in der Erfahrung derer, »die dem Lamm folgen, wohin es auch geht«[33]. Wir sehen es heute in dem Leiden und Überwinden von John und Betty Stam, durch das Gott so sehr wirkte, dass die Auswirkungen niemand ermessen kann.

Welchen Teil haben wir, jeder Einzelne von uns, an dieser herrlichen Aufbruchbewegung der erlösenden Gnade Gottes? Was ist in unserem Leben, das er einmal belohnen kann und das eine noch entschiedenere Antwort auf seine Liebe gibt?

---

30 Philipper 2,9.
31 Johannes 10,17.
32 Offenbarung 5,9.
33 Offenbarung 14,4.

Ein Ruf zum Gebet

Von Dr. C.E. Scott aus Jinan traf ein wichtiger Brief ein, in dem er darauf aufmerksam machte, wie dringend unsere leidenden Mitgläubigen in China unser Gebet nötig haben. Dr. Scott dachte an Mr. Chang Hsiu-sheng, der sein Leben für seinen edelmütigen Versuch lassen musste, Johns und Bettys Leben zu schützen, und an den Mut, den der Evangelist Lo bewies, als er die kleine Helen Priscilla rettete, und schrieb:

»Diese Ereignisse haben auf ganz neue Weise die Macht des Gebets deutlich gemacht, um dadurch schwache Christen, die selbst Gefahren ausgesetzt sind, neu mit geistlicher Stärke auszustatten. Der Mut und die Selbstlosigkeit sowohl von Evangelist Lo als auch von Mr. Chang waren so bemerkenswert, dass man sich kaum vorstellen kann, wie sie nur ein paar Tage vorher noch ziemlich unzuverlässig waren, was die Ausübung ihrer Pflichten anging. Der Evangelist Lo war schüchtern und ängstlich, und Mr. Chang war kaum bereit, für den wahren und lebendigen Gott Zeugnis abzulegen. Aber Betty und John hatten letzten Herbst noch Gebetsanliegen bezüglich dieser ›Kleinen in Christus‹ verschickt, und diese Gebete sind auf wunderbare Weise erhört worden, nämlich in einer christusähnlichen Selbstaufopferung, in einer besonderen Geistesstärke und einem unglaublichen Wagemut. Diese beiden Männer haben die Welt verändert. … Sie sind ein Beispiel geworden für den großartigen Aphorismus des Paulus: ›Gott hat uns nicht einen Geist der Furchtsamkeit gegeben, sondern der Kraft und der Liebe und der Zucht.‹[34]

---

34 2. Timotheus 1,7.

Es ist eine Sache, in der behaglichen Geborgenheit unserer komfortablen Häuser von christlichem Mut zu reden; aber es war eine ganz andere Sache für diese Männer und jene, die sich edelmütig mit ihnen eins machten, wenn sie ihr Leben für die Sache Christi nicht der Rede wert achteten. In all diesem ergeht auch mit den Worten Samuels eine Botschaft an unsere Herzen: ›Fern sei es von mir, dass ich mich an dem Herrn versündigen und aufhören sollte, für euch zu bitten.‹[35] Wir wollen uns immer wieder die Überzeugung ins Gedächtnis rufen, dass wir die Pflicht und das Vorrecht haben, für unsere Freunde in China zu beten – besonders für jene, die nach unserer Kenntnis schwach im Glauben sind; sowie für die, welche Seelentrost und Geborgenheit in Christus brauchen; und für die, welche krank am Leib sind oder deren Leben durch böse Menschen gefährdet ist. Gebet macht die Schwachen stark, macht die Feigen mutig, macht die Treulosen treu. Wahres Gebet führt tatsächlich und objektiv Veränderungen herbei.«

Herr, halte fest an Deiner Hand
Die für Dich stehn in fernem Land.

In Flut und Feuer, Not und Grau'n
Bewahre sie, die auf Dich traun.

Wollst sie von aller Angst befrein
Und in Gefahr ganz nahe sein.

Dein Werk ist's, was durch sie vollbracht,
Drum wehre Du des Feindes Macht.

Sei ihnen nah, hilf ihnen aus
In Feindesland und Sturmgebraus![36]

---

35 1. Samuel 12,23.

36 Dies ist eine Nachdichtung eines Liedes von Margaret E. Sangster aus dem 1933 veröffentlichten *Methodist Hymn Book*.